Paris durable

Juliette de Maupeou

Paris durable

Se loger, se nourrir, s'équiper, se déplacer...
Comment réduire son empreinte carbone

PARIGRAMME

Un grand merci à William et Quentin pour leur relecture attentive et bienveillante, à Bertrand des Cactus pour sa contribution aux illustrations, à mes amis pour leurs suggestions et encouragements, enfin et surtout à mes enfants et Gaëtan pour leur soutien.

Un merci particulier aux équipes de Parigramme de m'avoir permis de vivre cette fantastique aventure.

Ce livre est dédicacé à toutes les personnes que j'ai pu rencontrer pour réaliser cet ouvrage et qui mettent chaque jour leurs convictions et leur énergie au service d'une transition réaliste et désirable, ainsi qu'à tous les citoyens qui auront envie de nous suivre dans ce joli cheminement !

J. de M.

www.parigramme.com

« Ne doutez
jamais qu'un petit
groupe d'individus
conscients et
engagés
puisse changer
le monde. »

MARGARET MEAD

« Si chacun de nous
fait le peu qu'il peut
avec conviction
et responsabilité,
je vous assure
que l'on fera
énormément. »

Pierre Rabhi

Introduction

La fréquence et l'intensité des événements climatiques extrêmes nous laissent mesurer les effets d'un changement qui s'opère depuis plusieurs années. 2023 en a été la parfaite illustration, année la plus chaude jamais enregistrée. En France, elle a été marquée par plusieurs vagues de chaleur, un déficit de précipitations sur l'ensemble du pays, une recrudescence des feux de forêt et des épisodes significatifs de canicule marine en Méditerranée.

Paris, loin d'être épargnée par ces changements, se trouve particulièrement vulnérable en raison de sa configuration urbaine exceptionnellement compacte, qui favorise un effet d'îlot de chaleur.

Quelle est l'origine du changement climatique ?

Le changement climatique tient particulièrement à l'accentuation de l'effet de serre **(fig. 1)**.

En lui-même, l'effet de serre naturel est une bonne chose : telle une couverture, il conserve la terre au chaud et nous permet d'y profiter d'une température vivable. Sans son action, l'énergie solaire se disperserait dans l'espace et la température sur terre serait glaciale (env. -18 °C) ! Ce mécanisme naturel, qui permet de bénéficier d'une température moyenne sur terre de 15 °C, se produit sous l'effet principal de la vapeur d'eau (H_2O) et du dioxyde de carbone (CO_2), présents dans l'atmosphère. À ceux-ci s'ajoutent le méthane (CH_4), le protoxyde d'azote (N2O) et l'ozone (O_3), pour constituer cette couche de protection.

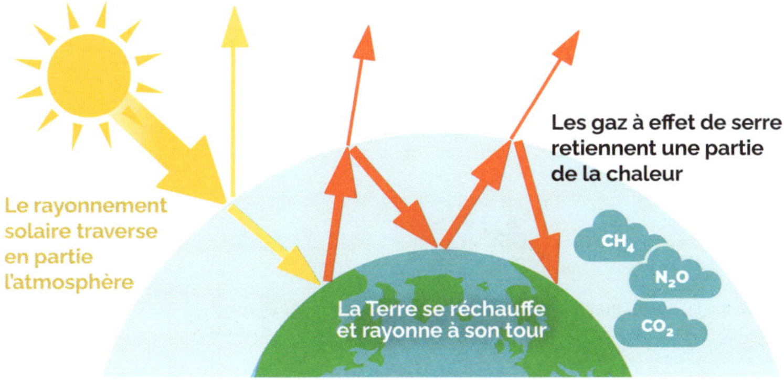

Fig. 1. Le principe de l'effet de serre.
(Source : Convention citoyenne pour le climat)

Fig. 2. Les principaux gaz à effet de serre et activités humaines qui en sont responsables.
(Source : Les Cahiers du développement durable)

Depuis l'ère industrielle, cet effet de serre d'origine naturelle s'augmente cependant d'une contribution liée à l'activité humaine **(fig. 2)**. Nos modes de production et de vie nécessitent notamment la combustion d'énergies fossiles et la déforestation de vastes espaces, opérations productrices de gaz carbonique (ou CO_2). À ce dernier s'ajoutent du méthane ou du protoxyde d'azote, liés en grande partie à nos pratiques agricoles. En se retrouvant coincés dans l'atmosphère, ces gaz créent un effet de serre « additionnel », cause du réchauffement climatique observé depuis le milieu du XIXe siècle.

Comment ce changement se manifeste-t-il ?

Le climat se réajuste par un réchauffement de la surface terrestre. À ce jour, la température moyenne mondiale a augmenté de 1,15 °C depuis l'ère préindustrielle. Cette moyenne pourrait même s'établir à 1,65 °C en écartant du calcul les océans, qui occupent trois quarts de la surface terrestre et se réchauffent moins vite que les sols.

Comme l'Europe, la France semble être sur une trajectoire de réchauffement beaucoup plus rapide que le reste du monde, les températures moyennes ne cessant d'augmenter depuis le milieu du XXe siècle. On estime ainsi qu'elles auraient déjà cru en moyenne de 1,9 °C par rapport à l'ère préindustrielle.

Quels sont les leviers pour lutter contre ce changement climatique ?

L'ampleur des changements climatiques à venir dépend principalement des quantités de gaz à effet de serre que nous émettrons dans le futur et qui continueront de s'accumuler dans l'atmosphère.

Parmi ces gaz, tous n'ont pas le même pouvoir de réchauffement ni la même durée de vie. Le CO_2 joue un rôle prépondérant à la fois parce qu'il s'agit du gaz que nous émettons en plus grande quantité, et parce que sa durée de vie dans l'atmosphère est la plus longue. Il contribue pour deux tiers à l'augmentation de l'effet de serre, quand le méthane et le protoxyde d'azote ne comptent que pour un quart dans la facture climatique.

Dès lors, la maîtrise du climat impose d'envisager deux directions complémentaires.

La première consiste à réduire les émissions de gaz à effet de serre via une transition écologique et énergétique, c'est-à-dire prendre un ensemble de mesures collectives et individuelles aboutissant à cette réduction.

La seconde consiste à augmenter la capacité des puits de carbone absorbant une partie de nos rejets de CO_2.

Éliminer le carbone ?

Un puits de carbone est un réservoir naturel ou artificiel qui absorbe plus de carbone qu'il n'en émet. Il s'agit principalement d'écosystèmes naturels (forêts, marais, bocages…), qui captent du CO_2 par photosynthèse et le stockent dans leur substrat. Les océans constituent également une pompe à carbone importante, absorbant 25 % de toutes les émissions de dioxyde de carbone et capturant 90 % de la chaleur supplémentaire générée par ces émissions. Aujourd'hui, les capacités de ces systèmes naturels sont toutefois largement dépassées par les émissions de gaz à effet de serre. C'est pourquoi on s'efforce de développer des puits de carbone artificiels, c'est-à-dire mis en place par l'homme, ou des systèmes de capture directe du carbone.

Quelle est l'action des États pour réduire les gaz à effet de serre ?

Conscients que les enjeux climatiques dépassent les frontières, les pays du monde entier se concertent depuis le début des années 1990 pour lutter contre le changement climatique et diminuer drastiquement les émissions de gaz à effet de serre.

En 1992, le sommet de Rio a permis l'adoption de la convention-cadre des Nations unies sur les changements climatiques (CCNUCC). Elle-même a donné naissance aux célèbres COP, ces conférences qui réunissent chaque année, depuis 1995, plus de 200 pays autour de la lutte contre le changement climatique.

Parmi les plus connues, la COP 3, en 1997, a abouti à la signature du protocole de Kyoto, premier accord comportant l'engagement des plus gros pays émetteurs à réduire de 5 % leurs émissions de gaz à effet de serre entre 2008 et 2021. Ses objectifs semblent avoir été atteints. Néanmoins, la défection de certaines grandes puissances, comme les États-Unis ou le Canada, et le retranchement des pays en voie de développement de tout engagement sur leurs émissions, ont rapidement rendu nécessaire l'évolution de ce cadre.

Par la suite, la COP 21, organisée en 2015 à Paris, a permis aux États de s'entendre sur de nouveaux efforts visant à contenir l'élévation de la température moyenne de la terre. Plus précisément, l'accord vise à limiter la hausse de température à 2 °C maximum en faisant tous les efforts pour la maintenir en deçà de 1,5 °C par rapport à 1850. C'est ce qu'on appelle « l'accord de Paris », qui fait encore référence aujourd'hui dans la lutte contre le réchauffement climatique.

Pourquoi 1,5 °C ?

Lors de la signature de l'accord, cette limite n'a pas été choisie par hasard. Elle indique le point de bascule du climat à partir duquel des impacts plus graves pour les populations et la planète seraient susceptibles de se déclencher.

Se conformer à cet objectif de 1,5 °C, c'est réduire les émissions mondiales de CO_2 de 50 % d'ici 2030 et atteindre la « neutralité carbone » en 2050, c'est-à-dire un équilibre entre les émissions de carbone et l'absorption d'une quantité équivalente par les puits de carbone. Cette neutralité est la condition d'une stabilisation climatique ; elle ne nous permet pas de revenir en arrière et d'annuler les effets déjà constatés.

Que nous indiquent les scénarios du GIEC ?

Soucieux de disposer d'une base commune, les États luttant contre le réchauffement s'appuient sur les rapports scientifiques du GIEC.

Ce groupe de scientifiques a produit différents scénarios comme autant de représentations plausibles et souvent simplifiées du climat futur. L'hypothèse « optimiste » envisage un réchauffement limité à 1,5 °C compte tenu d'une baisse drastique des émissions ; deux scénarios intermédiaires se fondent sur une augmentation de la température comprise entre 1,8 °C et 3,6 °C ; un scénario « pessimiste » table sur la poursuite d'une utilisation intensive des énergies fossiles entraînant un réchauffement de 4,4 °C d'ici 2100.

Pour contenir le réchauffement climatique à 1,5 °C d'ici 2100, le GIEC indique que les émissions de gaz à effet de serre devront culminer avant 2025 et avoir diminué de 43 % en 2030 (par rapport à 2019).

À ce jour, les efforts engagés au niveau mondial nous projettent dans une baisse des émissions de 2 % d'ici 2030 et annoncent en conséquence un monde à +3,2 °C en 2100. Un résultat très éloigné des objectifs de l'accord de Paris.

Une expertise commune

Le GIEC (IPCC en anglais) est le Groupe d'experts intergouvernemental sur l'évolution du climat. Créé en 1988 conjointement par l'Organisation météorologique mondiale (OMM) et le Programme des Nations unies pour l'environnement (PNUE), il regroupe 195 États membres à ce jour et rassemble des scientifiques de différentes nationalités et disciplines, avec pour mission de synthétiser l'état des connaissances scientifiques sur le changement climatique. Il ne s'agit pas d'un laboratoire de recherche, mais d'un lieu d'expertise qui centralise les travaux produits dans le monde entier sur le sujet. Le GIEC s'organise en trois groupes thématiques : aspects scientifiques du changement climatique ; impact et vulnérabilité des systèmes socio-économiques et naturels ; solutions envisageables.

Quel est le poids de la France dans ce changement ?

Même si le réchauffement est global, il ne touche pas uniformément l'ensemble des pays. Par ailleurs, chaque nation a un poids différent dans le surplus de gaz à effet de serre rejeté tous les ans dans l'atmosphère. Et le bilan varie encore lorsqu'on considère les émissions cumulées depuis la révolution industrielle.

En 2022, l'empreinte carbone de la France a été estimée à 623 millions de tonnes de CO_2e. Cette mesure comprend à la fois les émissions produites sur le territoire et celles des biens importés, qui représentent à peu près la moitié de l'empreinte globale. Si c'est la Chine qui émet le plus de gaz à effet de serre depuis quelques années, la moitié de ces émissions correspondent à la fourniture de biens destinés à la consommation (et donc au mode de vie) des Occidentaux. Par rapport à 1995, l'empreinte française a diminué de 7 %. Pour autant, si l'on souhaite tenir les objectifs de l'accord de Paris, soit une baisse de 55 % des émissions à l'horizon 2030 par rapport à 1990, il faut aller deux fois plus vite !

Qu'est-ce que le CO_2 équivalent ?

Élaborée par le GIEC, la notion de « CO_2 équivalent », notée « CO_2e », permet d'englober dans une même unité les différents gaz à effet de serre en fonction de leur potentiel de réchauffement global. L'émission en équivalent CO_2 correspond à la quantité de dioxyde de carbone qui provoquerait les mêmes effets que les émissions d'un ou de plusieurs gaz à effet de serre. Même si le CO_2 est invisible, il a une masse de 1,964 grammes par litre, c'est-à-dire de 1,964 kilos par mètre cube : c'est la raison pour laquelle son unité de mesure est la tonne. Laquelle peut également être représentée en volume. (fig. 3)

Fig. 3. Le volume d'une tonne de CO_2.

Quelles sont les principales sources d'émissions en France ?

Les activités humaines se traduisent dans leur ensemble par l'émission de gaz à effet de serre, notamment en raison de la consommation d'énergies fossiles qu'elles nécessitent **(fig. 4)**. En France, comme dans le reste de l'Union européenne, c'est l'utilisation de cette énergie dans les transports qui est la première source d'émissions, suivie de près par l'agriculture, puis par l'industrie et le logement.

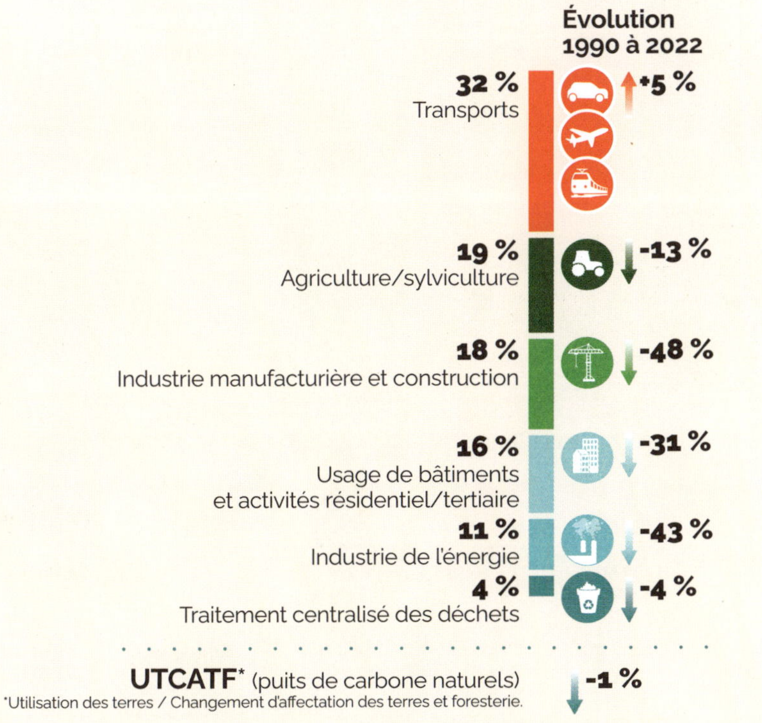

Fig. 4. Les émissions de gaz à effet de serre en France par secteur en 2022.
(Source : Rapport Secten, Citepa)

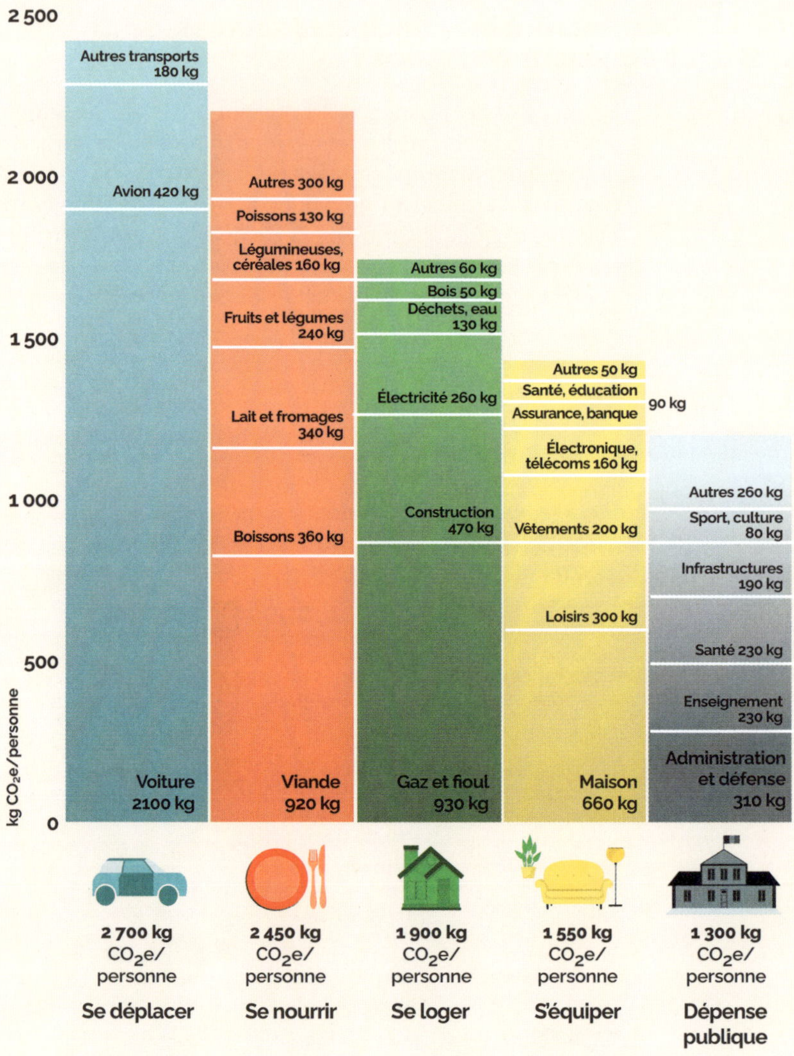

Fig. 5. L'empreinte carbone individuelle moyenne en France en 2021. Elle équivaut en moyenne et au total à 9,9 t CO_2 par personne et par an.
(Source : Carbone 4)

Comment se répartissent les émissions au niveau de chaque individu ?

L'empreinte carbone d'un Français était estimée à 9,9 tonnes de CO_2 en 2022 **(fig. 5)**. Elle se répartit de la manière suivante :

- Les transports sont en tête de nos émissions, les trois quarts de celles-ci étant liées à l'usage d'un véhicule personnel.
- L'alimentation est le deuxième poste d'émissions, dues pour moitié à la consommation de viande animale.
- Le logement arrive en troisième position, essentiellement du fait de l'utilisation d'énergies fossiles pour le chauffage et l'eau.
- Enfin, les biens de consommation pour la maison ou l'habillement occupent la quatrième place.

Par ailleurs, une part résiduelle de notre empreinte correspond à la dépense publique dont chacun bénéficie via les infrastructures et les services publics.

Quelle trajectoire individuelle est nécessaire pour atteindre les 1,5 °C ?

Dans son sixième rapport, le GIEC détermine la quantité d'émissions mondiales maximum pour atteindre la neutralité carbone en 2050 et rester dans la trajectoire de l'accord de Paris d'ici 2100 **(fig. 6)**. Rapporté à une échelle individuelle, ce budget moyen s'établit à deux tonnes de CO_2e par an, avec une cible intermédiaire à six tonnes de CO_2e en 2030. Plus que la cible, c'est la trajectoire pour y parvenir qui importe, puisque chaque tonne de CO_2 émise entre aujourd'hui et 2050 participe au réchauffement climatique et nous éloigne de la neutralité carbone projetée en 2050.

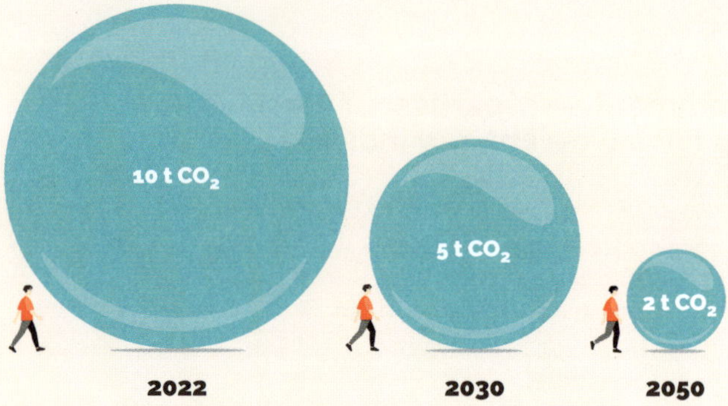

Fig. 6. La trajectoire de réduction de l'empreinte carbone par personne.
(Source : Elioth)

Ville ou campagne, y a-t-il une différence au plan de l'empreinte carbone ?

Pour passer de l'empreinte carbone d'un pays à celle d'un individu, on divise en général les émissions globales par le nombre de personnes vivant sur le territoire. Cette méthode a l'avantage de la simplicité mais fait abstraction des particularités sociologiques et géographiques et masque la grande hétérogénéité des situations de vie réelles.

Il existe effectivement des différences notables entre l'empreinte carbone d'un habitant d'une zone rurale et celle d'un citadin **(fig. 7)**. Pour ses déplacements ordinaires, par exemple, l'habitant d'une zone rurale émet en moyenne 3,9 tonnes de CO_2e, contre 2,4 pour l'habitant d'un centre-ville. L'impact du logement n'est pas non plus le même : sur ce chapitre, le ménage urbain émet en moyenne 1,4 tonne de CO_2e quand le ménage rural en rejette 2,6.

Ces seules données pourraient laisser penser que l'empreinte carbone d'un citadin est inférieure à celle d'un rural. En réalité, elles ne sont pas si éloignées mais ne suivent pas la même distribution. Les trajets longue distance, par exemple, pèsent lourdement dans l'empreinte des citadins. Plusieurs travaux ont pointé un phénomène « barbecue », les

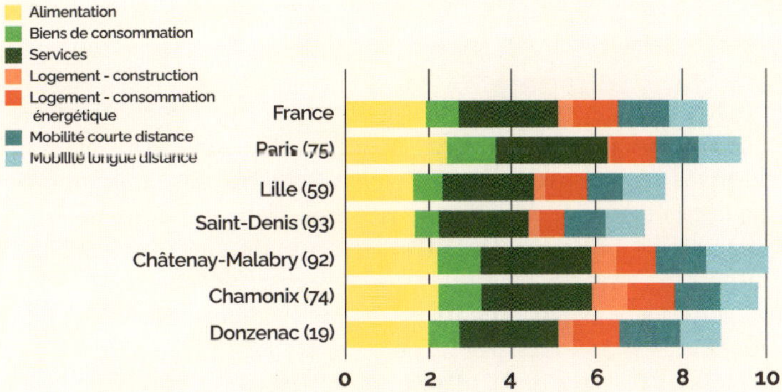

Fig. 7. L'empreinte carbone par personne dans différentes communes (en t CO_2/an).
(Source : Elioth)

urbains montrant une plus grande propension à se déplacer pour leurs loisirs. Au plan de la nourriture (un quart de nos émissions annuelles), l'accès à un potager change la donne, mais la disposition de quelques mètres carrés à cultiver est évidemment plus facilement envisageable à la campagne qu'en ville.

En zone urbaine, en revanche, la disposition de modes de transport collectifs ou décarbonés, comme le vélo, diminue l'empreinte du volet transport. La plus petite surface des logements ainsi que leur caractère mitoyen, moins consommateur de chauffage, diminuent également la facture énergétique.

Enfin et surtout, le niveau des revenus conditionne l'ampleur de la consommation d'une manière générale et, mécaniquement, l'empreinte carbone individuelle. La richesse se concentrant prioritairement dans les centres-villes, la balance penche de ce point de vue en défaveur des urbains.

Et Paris dans tout cela ?

La Ville de Paris s'est saisie du sujet climatique dès 2007 et formalise régulièrement un plan climat qui trace le chemin de la capitale vers la neutralité carbone. Dans ce contexte, elle calcule périodiquement son empreinte carbone, qui intègre les émissions produites en ville comme à l'extérieur du fait de nos déplacements ou de nos modes de consommation. L'empreinte carbone de Paris était de 22,7 millions de tonnes de CO_2e en 2018, ce qui équivaut à une empreinte moyenne par Parisien évoluant entre 9,4 et 10,3 tonnes de CO_2e. Ce score est donc très proche de l'empreinte moyenne des Français même si la part de l'alimentation, de la consommation de biens et de services et des transports longue distance nous distingue de nos concitoyens.

Évoluer vers une vie bas carbone à Paris, c'est donc commencer par bien comprendre la nature de nos émissions individuelles puis identifier les leviers à notre disposition pour les améliorer en fonction de la composition de notre foyer, de la nature et du lieu de notre travail, de nos habitudes de vie. C'est aussi se rendre compte que la capitale offre une foule de solutions et favorise tant de découvertes que la démarche vers une ville plus vivable s'apparente moins à une punition qu'à une source d'enchantements et de rencontres.

S'informer

Plus des deux tiers des Français disent ressentir le dérèglement du climat dans leur quotidien. À Paris également, les effets de ce changement s'observent à l'œil nu. Face à cette situation, sachant que les gestes individuels peuvent représenter jusqu'à 45 % de notre capacité à réduire notre impact, nous sommes de plus en plus nombreux à vouloir agir.

Encore faut-il savoir par où commencer tant la tâche semble immense et la matière technique. De quoi parle-t-on quand on évoque les gaz à effet de serre ? Quelle est notre empreinte individuelle dans ce changement ? Que pouvons-nous faire pratiquement ? Quels sont les gestes qui comptent et ceux qui mobiliseront beaucoup de notre énergie pour peu de gains ? Comment mobiliser notre entourage et sensibiliser les plus jeunes à cet enjeu ? Comment se mettre en mouvement de manière durable et non sur un simple coup de tête ?

L'offre en matière de sensibilisation est pléthorique. Des sites web aux ateliers ludiques en passant par les conférences scientifiques, Paris est au cœur d'un écosystème de cercles académiques, d'associations et de start-up qui permettent de mieux appréhender et moduler notre impact. Les technophiles trouveront de nombreux outils en ligne permettant d'évaluer leur empreinte et d'en suivre l'évolution, les passionnés de nouvelles rencontres courront les fresques et les *meetups*, quand les plus pragmatiques iront voir de leurs propres yeux les différents lieux d'expérimentation qui fleurissent dans la capitale.

À chacun de composer sa propre grammaire de la transition environnementale selon le temps dont il dispose, ses modes d'apprentissage préférés et ses connaissances sur le sujet.

La Fresque du climat

Dans différents lieux à Paris ou en ligne
Dates et inscriptions sur fresqueduclimat.org

De causes à effets • Presque 1,5 million de personnes dans le monde ont déjà participé à une fresque du climat. Cédric Ringenbach, ex-directeur du Shift Project et conférencier, a développé cet atelier en 2018, après avoir constaté la puissance du jeu pour faire passer les messages sur le changement climatique. Porté par une association dynamique qui regroupe 50 000 bénévoles, dont certains ont fini par en faire un métier, la fresque se déploie, en présentiel ou en ligne, de manière tentaculaire et offre une très bonne porte d'entrée à la compréhension du changement climatique. Sur une séquence de trois heures, une dizaine de « fresqués » manipulent des cartes expliquant les causes et conséquences du changement climatique. Munis de deux cartes pour commencer, les participants retracent collaborativement cet enchaînement de causes à effets tout en bénéficiant des explications de l'animateur, dit « fresqueur ». Il en résulte une fresque visuelle reliant les activités humaines aux manifestations du changement climatique et à leurs retombées environnementales. Les plus motivés peuvent se porter candidat pour devenir à leur tour animateur dans leurs cercles personnel ou professionnel.

Approfondir ses connaissances grâce aux autres fresques

Pourquoi s'arrêter à la Fresque du climat alors que les initiatives d'apprentissage collectif sur le même mode se multiplient et permettent de faire le point sur un enjeu spécifique de la transition environnementale ? C'est l'occasion de creuser un sujet en particulier et d'interagir avec d'autres pour imaginer des solutions ensemble.

La Fresque du numérique

Dans différents lieux à Paris
ou en ligne
fresquedunumerique.org

Vrai ou faux : 10 % de la consommation électrique en France sont dédiés à nos usages numériques, soit l'équivalent CO_2e de 3 000 kilomètres en voiture ? 25 % des smartphones renouvelés par leurs propriétaires fonctionnent encore ? En trois heures et demie d'atelier, en ligne ou en présentiel, la Fresque du numérique permet de faire le point sur l'impact grandissant de nos usages numériques et les actions envisageables pour plus de sobriété.

La Fresque de l'alimentation

Dans différents lieux à Paris
ou en ligne
fresquealimentation.org

L'alimentation est le deuxième poste d'émission de gaz à effet de serre des Français, juste après leurs déplacements. Ses ressorts environnementaux restent pourtant relativement méconnus. Partant de ce constat, Julien Briton et Thomas Moulin, tous deux référents à la Fresque du climat, en reprennent les codes pour animer un atelier spécifique sur l'alimentation durable.

La Fresque de la finance

Dans différents lieux à Paris
ou en ligne
helloasso.com/associations/la-fresque-de-la-finance

La finance joue un rôle primordial dans la capacité à accélérer la transition environnementale par le levier de nos investissements. Le collectif Pour un réveil écologique, associé à d'autres acteurs de la finance responsable, a créé cet atelier pour démystifier des mécanismes complexes et parfois opaques.

La Fresque de la mobilité

Dans différents lieux à Paris
ou en ligne
fresquedelamobilite.org

Le secteur du transport représente un tiers des émissions de gaz à effet de serre des Français, la voiture individuelle comptant pour la moitié. Créée par des volontaires du Shift Project, cette fresque de deux heures brosse le tableau de la mobilité et de ses conséquences environnementales. Un jeu de rôle permet d'imaginer collectivement des leviers pour la décarbonation des transports.

La Fresque des nouveaux récits

Dans différents lieux à Paris
ou en ligne
fresquedesnouveauxrecits.org

La sobriété peut-elle être heureuse ? Va-t-on vers le grand effondrement ? Doit-on devenir amish pour sauver le climat ? Sans le savoir, nous sommes tous retenus par des verrous psychologiques qui empêchent, ralentissent, rendent impensables les actions que supposerait une sortie de la trajectoire environnementale actuelle. Or, pour créer une société différente, il faut déjà l'imaginer. Tel est le credo de l'association qui a créé cette Fresque des nouveaux récits, largement étayée par les travaux de l'écopsychologue Joanna Macy.

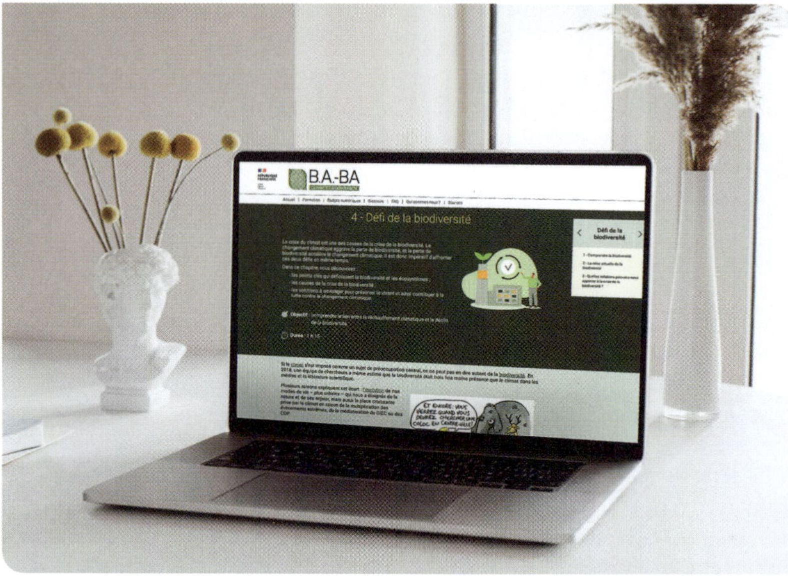

Le b.a.-ba du climat et de la biodiversité

Formation en ligne

climat.cned.fr

Tout ce que vous avez toujours voulu savoir sur le climat sans jamais oser le demander • Quel est le lien entre l'agriculture et les gaz à effet de serre ? Qu'est-ce que l'accord de Paris ? Pourquoi parle-t-on de 1,5 °C ? Quel est donc ce GIEC qui publie tant de rapports ? Alors que six Français sur dix estiment que le niveau de culture écologique n'est pas à la hauteur des enjeux, voilà une formation qui tombe à pic. La plateforme de formation en ligne du Cned offre en effet un programme simple et complet sur le climat et la biodiversité. Parrainé par les paléoclimatologues Jean Jouzel et Valérie Masson-Delmotte, cet e-learning en cinq chapitres use du meilleur de la pédagogie numérique pour vulgariser les connaissances scientifiques sur le sujet. Le programme mêle habilement textes, vidéos, QCM et illustrations de presse pour constituer un socle efficace. La formation est évaluée par un test d'acquisition des compétences.

Académie du Climat

2, place Baudoyer, 4e
Tél. 01 71 28 13 66
academieduclimat.paris

Retourner sur les bancs de l'école • C'est à deux pas de l'Hôtel de Ville, dans les anciens bâtiments de la mairie du 4e arrondissement, que l'Académie du Climat a pris ses quartiers depuis 2021. Entre ces murs, tout un écosystème s'organise pour sensibiliser les Parisiens à la cause climatique. L'ancienne salle des mariages accueille ainsi régulièrement des conférences sur le climat, la biodiversité ou la nature, tandis que des ateliers ont lieu dans les bureaux distribués autour d'élégantes coursives. Ils permettent aux plus jeunes de monter une campagne de sensibilisation sur l'environnement alors que les adultes y apprennent à réparer leur électroménager ou leurs vêtements. Aux beaux jours, la cour intérieure est l'endroit idéal pour échanger sur les apprentissages de la journée autour d'un verre qu'on aura commandé à la buvette, approvisionnée en circuit court. Avant de repartir, on s'attardera quelques minutes devant l'escalier d'honneur où sont reproduites les *climate stripes* créées à l'université de Reading par le professeur Ed Hawkins en 2018.
La newsletter de l'Académie est une mine d'informations utiles sur ses propres activités mais aussi sur d'autres en lien avec la transition environnementale.

MyCO2

Atelier interactif en ligne

Dates et inscriptions sur myco2.fr

Passe ton bilan d'abord • Nous sommes loin des deux tonnes de CO_2e par an et par personne préconisées par le GIEC. Pour en prendre la mesure, rien ne vaut de calculer son empreinte individuelle, mais se retrouver seul devant un calculateur carbone peut être une expérience décourageante. C'est pour y remédier que Romain Ledoux, membre du cabinet de conseil Carbone 4, a créé les conférences MyCO2. Celles-ci prennent la forme d'une séquence interactive au cours de laquelle chacun calcule sa propre empreinte tout en s'informant sur les ordres de grandeur et les facteurs d'émission. Après une rapide sensibilisation aux enjeux du changement climatique, chaque participant récapitule les grandes séquences d'une journée type, du lever au coucher, mesurant la part du carbone dans sa vie. De manière pratique, le décompte s'ajuste en complétant un texte à trous qui cache un calculateur carbone d'une précision redoutable. Du contenu de l'assiette au petit déjeuner jusqu'à la pratique ponctuelle d'un sport, tout est pris en compte. Le résultat final reste disponible sur l'espace privé des participants qui ont tout loisir d'y retourner et d'y apporter des mises à jour.

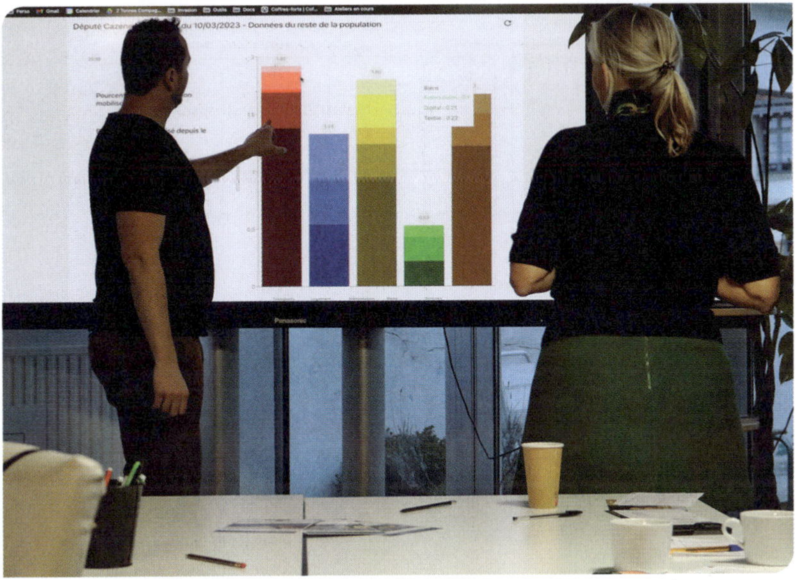

Atelier 2tonnes

Dans différents lieux d'Île-de-France
et en ligne

Dates et inscriptions sur 2tonnes.org

Faire sa part • Comment atteindre la neutralité carbone ? Quelle part individuelle, quelle part collective ? Très complémentaire de la Fresque du climat (voir page 25), cet atelier invite à se tourner vers le futur et à construire sa trajectoire individuelle et collective de décarbonation. Après une introduction qui positionne le sujet et rappelle les principaux ordres de grandeur, les participants sont invités à un jeu dans lequel ils sont projetés jusqu'en 2050. Incarnant notamment différents acteurs sociaux (pouvoirs publics, entreprises, experts, fonds d'investissement...), ils s'efforcent d'identifier les actions qui permettront d'atteindre collectivement la neutralité carbone. Appuyée sur un calculateur carbone et sur un modèle de dynamique sociale, la plateforme évalue au fur et à mesure la pertinence des décisions prises. En ligne ou en présentiel, cet atelier ludique et pédagogique réunit de six à quinze participants qui ont préalablement fait le calcul de leur empreinte personnelle, et les embarque pour trois heures d'expérimentation. Ils ont ainsi l'occasion de se pencher sur leurs propres moyens d'action mais aussi sur les leviers collectifs, ainsi que sur les actions publiques nécessaires pour rester dans la trajectoire des accords de Paris.

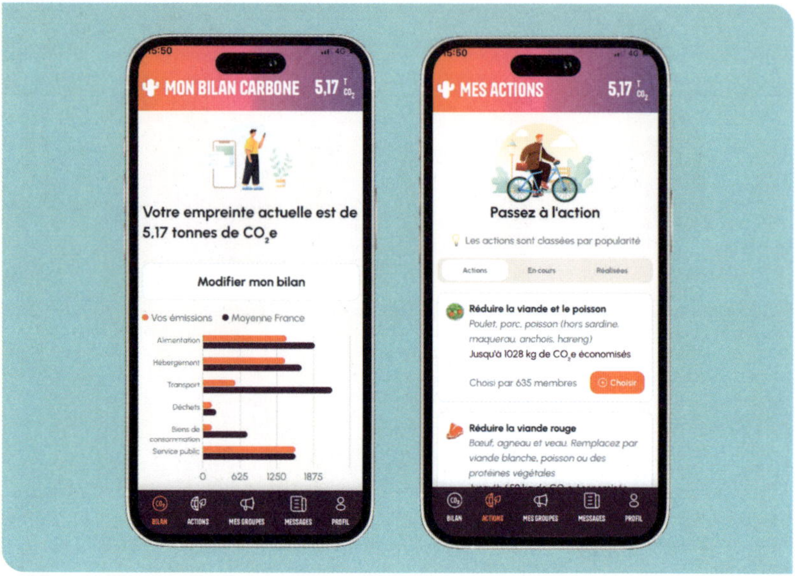

Les Cactus

Application mobile
sur Android ou Apple

Seul on va plus vite, ensemble on va plus loin • Sans changer fondamentalement de mode de vie, il est techniquement possible aujourd'hui d'être en dessous de cinq tonnes d'émission de CO_2 par personne et par an. Restent deux freins : l'absence d'une information fiable et simple, et d'une motivation constante. Partant de ce constat, Bertrand Jelensperger et Camille Maussang ont fondé en juin 2022 le 2tons Club, devenu aujourd'hui Les Cactus, premier « Weight Watchers de la décarbonation ». L'objectif est d'aider le plus grand nombre à adopter un mode de vie compatible avec la planète. Une fois son bilan carbone établi, le candidat est donc invité à choisir une ou plusieurs actions de décarbonation personnelle, dont il pourra suivre l'avancement dans le temps : acheter moins de vêtements neufs, réduire sa consommation de viande, se déplacer autrement… Chaque semaine, il bénéficie d'une information faisant le point sur la consommation responsable à base d'infographies et de courts messages : « Bière, vin ou spiritueux, quel impact carbone ? », « Train *versus* avion, quel bilan ? »… L'application regorge de contenus plus détaillés pour ceux qui souhaitent en savoir plus. Elle est enfin un véritable réseau social, dont chaque membre peut interagir avec ses pairs.

Fondation GoodPlanet

Domaine de Longchamp
1, carrefour de Longchamp,
bois de Boulogne, 16e
goodplanet.org/fr

L'appel de la forêt • Caché derrière de grands arbres centenaires, en contrebas des jardins de Bagatelle, le domaine de Longchamp abrite depuis 2017 le vaisseau amiral de la fondation GoodPlanet. Cet imposant château, aménagé dans les années 1930 pour le parfumeur François Coty, a été confié par la Ville de Paris au photographe Yann Arthus-Bertrand pour y développer le projet un peu utopiste d'un lieu dédié à l'humanisme et au développement durable. Ouvert du mercredi au dimanche entre avril et décembre, le lieu accueille gratuitement les visiteurs pour des moments d'expérimentations et de rencontres autour des enjeux sociaux et environnementaux. Les deux étages du château servent de galeries à des expositions sur le vivant, une salle de cinéma offre des projections gratuites de documentaires et de nombreux ateliers sont organisés les week-ends pour nous apprendre à vivre autrement, de la cuisine végétale à la fabrication de cadeaux de Noël écoresponsables.

Sommet ChangeNOW

Grand Palais
3, avenue du Général-Eisenhower, 8e
Trois jours chaque année
changenow.world

Il n'y a pas de problèmes, il n'y a que des solutions • Paris abrite depuis six ans un des plus grands sommets dédiés à l'innovation environnementale et sociale. Le ChangeNOW Summit fédère pendant trois jours les acteurs qui innovent pour la planète. De la Station F au Grand Palais, l'événement ne cesse de grandir pour faire rayonner une vision réaliste, mais optimiste du potentiel de transition environnementale. Conçu par Santiago Lefebvre, Rose-May Lucotte et Kevin Tayebaly, qui se sont inspirés des anciennes Expositions universelles, le sommet cherche à présenter la nouvelle génération d'acteurs du changement climatique aux investisseurs, grands groupes ou simples citoyens. Passer une journée à ChangeNOW, c'est faire une cure de solutions dans un domaine où le grand public est plus souvent exposé aux conséquences dramatiques du changement climatique qu'à des réponses. Se croisent dans les allées des étudiants, des citoyens engagés, des hommes politiques et des dirigeants, tous portés par l'énergie du moment.

Maison des Canaux

6, quai de la Seine, 19e
lescanaux.com

Rien ne se jette, tout se transforme • Ce bâtiment, construit en 1882 pour abriter les services des canaux parisiens, accueille aujourd'hui la Maison des économies solidaires et innovantes, vitrine de l'économie circulaire. Le chantier de réhabilitation du lieu même a été exemplaire du point de vue environnemental, afin que le bâtiment s'accorde parfaitement au projet et aux activités qu'il était amené à héberger. Voilà qui donne aujourd'hui un écolieu passionnant à visiter (une fois par mois), pour comprendre la notion d'économie circulaire et ses applications dans le domaine de la construction et de l'habitat. Ici, 95 % des déchets liés à la rénovation du bâtiment ont été recyclés ou réinventés dans le cadre de l'aménagement. Les coussins proviennent de chutes de montgolfière, les sièges sont montés avec des lattes de sommier, les murs sont isolés avec des jeans recyclés par Emmaüs, des cordes d'escalade obsolètes prennent place sur le portail de la terrasse... Au-delà d'être un lieu témoin de l'économie circulaire, la Maison des Canaux propose de nombreuses animations, conférences et marchés de créateurs écoresponsables qui en font un espace vivant et accueillant à tout moment de l'année.

Nature urbaine

Parc des Expositions de Versailles
2, avenue de la Porte-de-la-Plaine, 15e
Tél. 06 02 06 85 74
nu-paris.com

Une ferme dans le ciel • À 15 mètres de hauteur, le toit d'un pavillon du Parc des Expositions accueille la plus grande ferme urbaine d'Europe... avec vue sur la tour Eiffel ! Ce sont ainsi 14 000 mètres carrés de cultures comestibles qui visent à introduire la nature en pleine ville et à réconcilier le citadin avec une nourriture durable. Plus de 15 maraîchers y produisent fruits, légumes, fleurs et aromates au plus près de leurs clients. Cette ferme combine des technologies comme l'hydroponie (culture sans terre) ou l'aquaponie (culture combinée à l'élevage de poissons) aux principes d'agroécologie pour fournir plus de 12 tonnes de fruits et légumes par saison aux restaurants des alentours. La présence de cette ferme en ville contribue à la lutte contre les îlots de chaleur, à la promotion de la biodiversité et à la réduction de l'impact carbone de l'alimentation grâce à une production locale et respectueuse de l'environnement. Elle est également l'occasion de mettre les mains dans la terre via la location d'une des 135 parcelles pour y cultiver sa propre production (longue liste d'attente !) ou lors de nombreux ateliers organisés sur place. L'établissement se visite d'avril à octobre, le samedi matin.

Écolo Tour Paris

Plusieurs circuits à Paris : bords de Seine, Montmartre, 19e arrondissement, Quartier latin...
Facebook : Ecolo Tour Paris

Un écolo dans la ville • Désireux d'aligner son engagement pour l'écologie à sa pratique professionnelle, Laurent Guignon a lancé Écolo Tour Paris en décembre 2015, une agence touristique de sensibilisation écologique qui propose des promenades dans la capitale pour découvrir un quartier et son histoire sous l'angle de l'écologie. S'appuyant sur ce qui est donné à voir au fil du circuit, le guide évoque les enjeux du changement environnemental aussi bien que les pistes à suivre. Des thèmes tels que que l'économie circulaire, les transports, le lien entre patrimoine et écologie, le bio, le recyclage, la consommation écolo, les déchets, la biodiversité, la pollution atmosphérique, les espaces verts... sont abordés à chacun des 15 arrêts de la promenade. Ces « éco-balades » de trois à cinq kilomètres offrent de découvrir quelques bonnes adresses et donnent souvent envie aux participants de poursuivre la démarche. Aucun quartier n'échappe à l'exploration de Laurent et à sa quête d'exemples tangibles de l'écologie, de Montmartre à la Défense en passant par les quais de Seine ou le 7e arrondissement.

Les podcasts environnementaux

Pour ceux qui préfèrent l'oral à l'écrit, l'offre de podcasts est une mine d'or. Ces derniers permettent d'écouter des membres du GIEC commenter leurs rapports, d'entendre le témoignage de personnes engagées dans la lutte contre le réchauffement et de trouver des ressources pour s'engager soi-même concrètement dans l'aventure.

Green Letter Club

Créé en janvier 2020 par Maxime Thuillez et l'équipe de My Little Paris, le Green Letter Club a pour vocation de démystifier les sujets de la transition environnementale en donnant la parole à des scientifiques, des responsables d'ONG, des experts de l'énergie ou des capitaines d'industrie. **S'il n'y avait qu'un épisode à écouter**, ce serait « Paris à +50 °C », où Alexandre Florentin nous projette dans un scénario extrême...

Super Green Me

Lucas Scaltritti s'est lancé le défi d'aligner son mode de vie sur l'objectif de deux tonnes de CO_2 par an. Il partage son expérience via un journal de bord audio très sincère, ne cachant aucun doute, aucune difficulté de cette transition personnelle. **S'il n'y avait qu'un épisode à écouter**, ce serait certainement « Joyeux Noël », dans lequel l'aventurier partage le repas de Noël avec sa famille et lui explique sa démarche.

Chaleur humaine

Nabil Wakim est journaliste au *Monde*, spécialisé dans les questions énergétiques. Il a lancé ce podcast hebdomadaire de réflexion et de débat sur les manières de faire face au défi climatique, dont chaque sortie s'articule autour d'une question précise. **S'il n'y avait qu'un épisode à écouter**, ce serait « Comment réussir la rénovation des logements », où est interviewée Christine Leconte, architecte et urbaniste.

Transition(s), par *ID l'info durable*

Le parti pris consiste ici à mettre en avant des acteurs de la transition environnementale à travers des portraits d'une trentaine de minutes. **S'il n'y avait qu'un épisode à écouter**, ce serait l'interview de Maud Caillaux (de Green-Got), dans lequel cette ancienne salariée du luxe expose son projet de créer une néo-banque écologique.

Time to Shift

Le podcast est réalisé par les bénévoles des Shifters, association qui œuvre aux côtés du Shift Project, fameux think tank présidé par Jean-Marc Jancovici. Il éclaire les enjeux énergétiques et climatiques contemporains avec pour objectif de faire progresser le débat et les actions pour une économie post-carbone. **S'il n'y avait qu'un épisode à écouter**, ce serait « Il nous faut un plan voyage », dans lequel les Shifters traitent des voyages longue distance qui émettent 41 millions de tonnes d'équivalent CO_2 par an, soit environ 7 % de l'empreinte carbone des Français.

Vlan !

Tous les mardis, Grégory Pouy dialogue à cœur ouvert avec un chercheur, un anthropologue, un philosophe... pour mieux comprendre notre société et les bouleversements qu'elle subit. De nombreuses conversations sont consacrées au changement climatique. **S'il n'y avait qu'un épisode à écouter**, ce serait le numéro 265, dans lequel Grégory accueille Arthur Keller, spécialiste des risques systémiques.

En route, par WeNow

Valérie Mas met son obsession du passage à l'action au service des entreprises et les accompagne notamment pour déployer des programmes centrés sur des micro-actions. Elle reçoit, dans son podcast « En route », des experts du climat comme Valérie Masson-Delmotte ou des anonymes qui partagent leurs petites victoires sur le chemin de la décarbonation. **S'il n'y avait qu'un épisode à écouter**, ce serait l'épisode avec Francois Gemenne, membre du GIEC, qui souhaite qu'on communique davantage sur les solutions et les victoires que sur les centièmes de degrés de température à la hausse.

L'Octet vert

Saisi par l'urgence écologique au lendemain de la démission de Nicolas Hulot, Tristan Nitot a lancé un podcast sur l'impact environnemental de nos usages numériques. Un domaine qu'il maîtrise sur le bout des doigts. D'épisode en épisode, il donne la parole à des acteurs de l'informatique et du digital pour éclairer cette part toujours croissante de nos émissions de CO_2. **S'il n'y avait qu'un épisode à écouter**, ce serait l'épisode 7, avec Agnès Crépet, de Fairphone, fabricant de smartphones équitables.

Basilic

Chaque semaine, Jeane Clesse tend le micro à ceux ou celles qui façonnent le monde durable, qu'ils soient entrepreneurs, militants ou simplement engagés dans leur environnement. On y parle très simplement écologie, alimentation durable et transformation de nos modes de consommation. **S'il n'y avait qu'un épisode à écouter**, ce serait « Jardin sur un balcon » (226), avec Valéry Tsimba qui évoque l'univers des potagers urbains.

Parcours fraîcheur

Livrets « parcours fraîcheur » Paris 13 et Paris 12 sur le site Internet de la ville de Paris

Carte des îlots de fraîcheur sur apur.org

Se mettre au frais • Tous les efforts pour ralentir le réchauffement climatique ne feront pas disparaître les effets déjà présents. Les températures moyennes vont continuer d'augmenter dans les prochaines années et les épisodes de fortes chaleurs seront plus fréquents et plus intenses. À Paris, leurs effets seront accentués par le phénomène dit d'« îlot de chaleur urbain ». Il est donc impératif de se préparer à ces épisodes en mémorisant des gestes clés, mais aussi en apprenant à connaître les îlots de fraîcheur autour de son domicile. Tel est l'objet de la carte réalisée par l'Apur recensant les ces espaces parisiens... qui seront bien utiles lors des prochaines canicules. Les plus curieux peuvent aller jusqu'à suivre un « parcours fraîcheur », succession d'îlots dans un même quartier. L'occasion de voir concrètement comment la ville se prépare au changement climatique. Dans le parcours du 13ᵉ, on peut par exemple découvrir ce qu'est un banc climatique !

Greenwashing Comedy Club

Dates et lieux des représentations sur Instagram : @greenwashingcomedyclub ou Facebook : Greenwashing Comedy Club

En riant • Une estrade, quelques lumières fortes, un micro et voilà que Rafaella entre en scène, maîtresse de cérémonie pour un soir de ce nouveau type de spectacle. La mode du stand-up a pris de l'ampleur, au point qu'apparaissent désormais des Comedy Clubs à thème. Le changement climatique, l'usage des ressources naturelles, la diversité, l'inclusion et la justice sociale… font ainsi l'ordinaire du Greenwashing Comedy Club. Ce collectif d'humoristes sans langue de bois est né en 2020 sous l'impulsion d'Anne Grall, venue au stand-up après des débuts dans la finance. Il se produit aujourd'hui dans différents écolieux ou salles de spectacle parisiennes. Vous les croiserez par exemple chez Hoba, au Ground Control ou à l'Académie du Climat. Les sketchs sont de style et qualité variés, comme dans tout Comedy Club, mais demeurent une bonne recette pour lutter le temps d'une soirée contre l'éco-anxiété. On n'en sort pas avec LA solution au changement climatique, mais avec le sourire et des pistes de réflexion à approfondir.

We Love Green

Bois de Vincennes, Paris 12e
welovegreen.fr

Green Melody • Dans son rapport intitulé « Décarbonons la Culture », le Shift Project pointait l'impact carbone de la culture, mais aussi sa vulnérabilité face au changement climatique et au choc énergétique. Il enjoignait le secteur à repenser rapidement son modèle pour pérenniser son activité. Les festivals sont soumis à cet impératif, leur propension au gigantisme n'étant pas sans effet sur leurs émissions. Certains ont pris le sujet à bras-le-corps, produisant un calcul carbone détaillé, réduisant leur jauge et révisant leur modèle pour diminuer leurs émissions de CO_2. C'est notamment le cas de We Love Green, qui investit le bois de Vincennes trois jours par an. Même s'il est encore perfectible sur son empreinte carbone, il se fournit en énergie verte via un contrat spécifique et une ferme solaire locale, propose une alimentation 100 % végétarienne et promeut l'économie circulaire pour limiter ses déchets. En marge de ses scènes, le festival héberge un village des initiatives positives où il accueille des acteurs tels que Sailcoop, Mollow, Greenpeace... Son think tank propose un programme de conférences variées autour de la transition environnementale. Ou comment passer d'un concert d'Orelsan à une conférence de Valérie Masson-Delmotte dans la même journée !

Se loger

À la base de nos conditions matérielles d'existence, notre logement est le lieu où nous passons le plus de temps et représente un poste important de dépenses pré-engagées pour la plupart des foyers. Son emplacement et son organisation déterminent de manière structurante d'autres aspects de nos vies, comme nos modes de déplacement, nos habitudes de consommation ou notre rapport à la nature.

À l'échelle mondiale, la construction est le secteur économique qui génère le plus de ces gaz, mais également le plus de déchets. En France, le bâtiment est le troisième secteur économique le plus émetteur après les transports et l'agriculture, la résidence principale ou secondaire représentant un dixième des émissions nationales de gaz à effet de serre.

De la même manière, à l'échelle de l'empreinte carbone moyenne d'un Français, le logement constitue le troisième poste d'émissions de gaz à effet de serre, après les déplacements et l'alimentation. Il équivaut pour chacun à environ 1,9 tonne de CO_2e, soit quasiment le total des émissions individuelles à atteindre pour être dans la cible fixée par les accords de Paris !

De quoi se compose cette empreinte carbone du logement ?

De sa construction à son démantèlement, l'habitat est source d'émissions de gaz à effet de serre, sans parler de son impact sur la consommation d'eau ou d'autres ressources naturelles qui ont un effet sur l'environnement **(fig. 8)**.

Les premières émissions sont générées au moment de la construction : cette phase représente 20 % de l'empreinte carbone totale d'un logement. Elles sont essentiellement dues à la consommation d'énergies fossiles, qu'il s'agisse de la production des matériaux de construction, dont le ciment, le béton armé et l'aluminium, particulièrement énergivores,

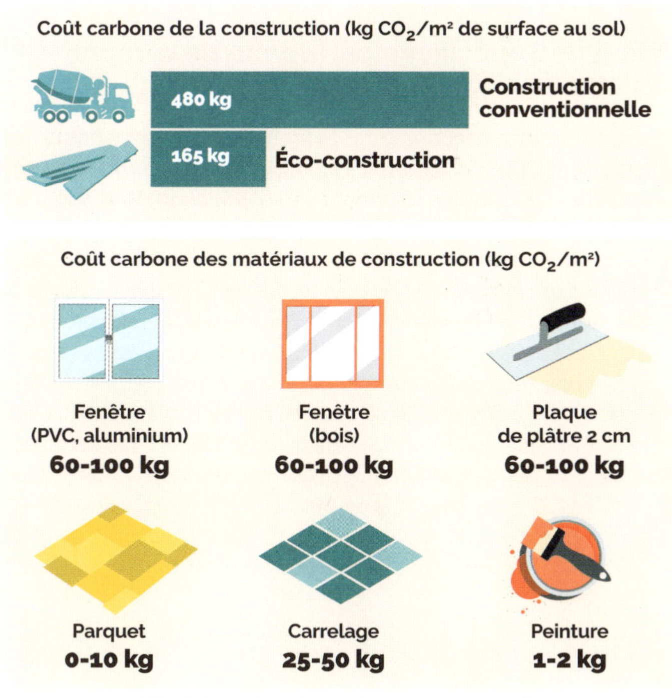

Fig. 8. Le coût carbone d'une maison par m².
(Source : Les Cactus)

du transport de ces matériaux ou encore du fonctionnement des chantiers. La construction est en outre une activité fortement créatrice de déchets, qui génèrent eux-mêmes du CO_2 en fin de vie. Enfin, l'artificialisation des sols entraînée par la construction de logements neufs a elle aussi un impact environnemental.

Mais c'est principalement au fil de son usage, c'est à dire de son occupation, que le logement émet le plus de gaz à effet de serre. Les émissions sont alors liées à la consommation d'énergies, souvent fossiles, depuis le chauffage jusqu'à l'usage des différents appareils électroménagers, en passant par la fourniture d'eau chaude. Pour fixer les ordres de grandeur, retenons que les particuliers comptent pour plus du quart dans l'énergie totale consommée en France.

Y a-t-il une spécificité parisienne de l'empreinte carbone de notre logement ?

L'empreinte carbone du logement à Paris se distingue du reste du territoire par les spécificités de son parc immobilier : 96,9 % des logements parisiens sont des appartements[1], alors que ceux-ci ne représentent que 45 % du parc total de logements en France. L'habitat collectif est plus efficace énergétiquement au mètre carré occupé, mais plus complexe à rénover car dépendant d'une prise de décision collective. Plus de 54 % des logements parisiens affichent des diagnostics énergétiques E, F ou G, dont plus de la moitié sont assimilables à des passoires énergétiques.

Par ailleurs, le parc immobilier parisien est occupé à 33,4 % par des ménages propriétaires. Les autres logements, des parcs privés ou publics, sont donc proposés à la location, or la dissociation majoritaire de la propriété et de l'occupation ne facilite pas la rénovation énergétique du bâti.

1. « Le logement en France et en Europe », FNAIM, mars 2022.

Autre caractéristique du parc de logements parisiens : il est très dense, ancien et se renouvelle peu, de nombreuses adresses étant classées ou inscrites aux Monuments historiques. Le levier de décarbonation que représente la construction de logements neufs et sobres en termes de consommation d'énergie est donc moins facilement mobilisable. De la même manière, l'immeuble haussmannien classique, pierre de taille et toiture en zinc, ne se prête pas facilement à la mise en œuvre de dispositifs d'isolation efficaces.

Enfin, le parc parisien se distingue du point de vue de ses usages énergétiques. Il recourt en effet largement à l'électricité et au gaz, et beaucoup moins au fioul que ce n'est le cas au niveau national **(fig. 9)**.

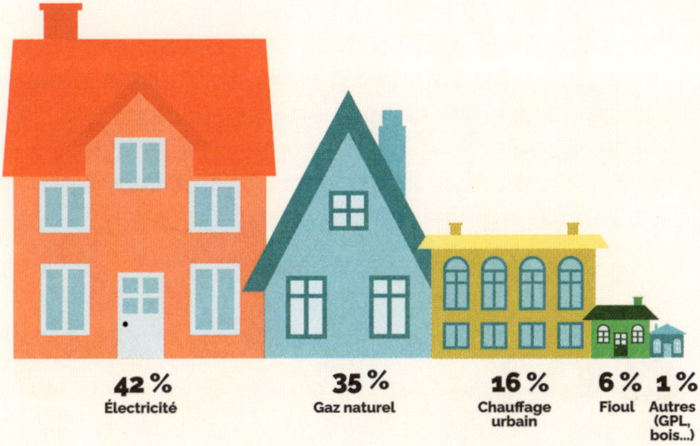

Fig. 9. Les consommations particulières d'énergie à Paris.
(Source : Bilan des émissions de GES, Paris, 2018)

Dans ce contexte, comment peut-on réduire l'empreinte carbone de son habitat ?

Choisir un logement en fonction de sa performance énergétique

Au moment de choisir son logement, il est important de considérer sa performance énergétique grâce au diagnostic de performance énergétique (DPE). Créé en 2006, le DPE nous renseigne sur la performance énergétique et climatique d'un logement grâce à un système d'étiquettes allant de A à G. Cette échelle évalue à la fois la consommation d'énergie du logement et son impact en termes d'émissions de gaz à effet de serre. Les logements classés de F à G sont considérés comme des « logements à consommation énergétique excessive », autrement dit des passoires thermiques **(fig. 10)**.

Le rôle du DPE a sans cesse été renforcé depuis sa création, jusqu'à devenir un outil clé de la politique de rénovation énergétique des bâtiments. À ce titre, il est désormais un élément obligatoire de toute transaction immobilière. De la même manière, la loi « Climat et résilience » l'impose depuis janvier 2024 à l'échelle d'une copropriété pour déterminer les travaux de rénovation à réaliser.

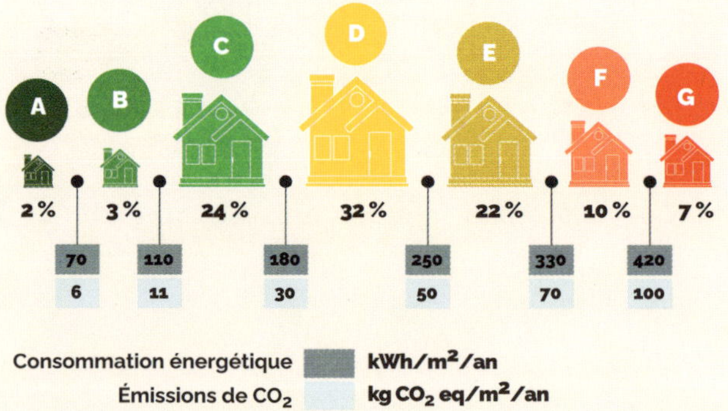

Fig. 10. Les résidences principales selon leurs étiquettes DPE au 1er janvier 2022.
(Source : ADEME)

Améliorer l'isolation de son logement

80 % des logements de 2050 existent déjà. Dans ce contexte, améliorer l'isolation de son logement est l'un des premiers chantiers à considérer pour réduire son empreinte carbone. En effet, le toit et les fenêtres sont respectivement à l'origine de 15 et 20 % des déperditions énergétiques d'un logement. Isoler son cadre de vie, c'est un investissement à la fois à court terme qui permet d'améliorer le confort et de réduire la facture énergétique et à long terme car il valorise le bien à la revente ou à la mise en location. À ce propos, les logements les plus énergivores vont être progressivement interdits à la location, à commencer par ceux classés G dès 2025.

Enfin, si les travaux d'isolation ont pour objectif premier de réduire les pertes de chaleur en hiver, ils permettent aussi d'en limiter l'accumulation en été, ce qui est loin d'être anecdotique compte tenu de l'évolution des conditions climatiques en cours.

Pour encourager les locataires et les propriétaires à rénover leur logement, l'État a mis en place plusieurs dispositifs incitatifs concernant l'habitat individuel comme collectif. Ils sont modulés en fonction des revenus du foyer, de la classe énergétique du logement et des travaux envisagés.

Améliorer l'isolation de son logement, cela veut donc dire, concrètement :

- prendre connaissance des recommandations de travaux contenues dans le diagnostic de performance énergétique, s'il a été établi récemment,
- contacter un conseiller France Rénov' pour être guidé dans les travaux de rénovation énergétique à mettre en œuvre. Ces conseillers sont disponibles sur rendez-vous dans des agences locales dédiées (france-renov.gouv.fr) et guident les particuliers dans l'élaboration de leurs projets. Ils les aident à identifier les aides financières auxquelles ils ont droit et à passer contrat avec des professionnels habilités pour réaliser les travaux.

Fig. 11. Le coût carbone de quelques usages électriques.
(Source : Les Cactus)

Adopter des mesures de sobriété énergétique

La majeure partie des émissions liées à notre logement provient de la consommation énergétique. Il est donc primordial d'essayer de les réduire au maximum **(fig. 11)**.

Depuis la campagne de sobriété énergétique lancée en 2022 par le gouvernement, la plupart des Français ont appris que réduire la température du logement d'un degré équivaut à une économie de 7 % d'énergie. Si le logement est chauffé à l'électricité, cet effort aura surtout un impact financier, même s'il ne faut pas oublier qu'une partie de notre énergie électrique provient encore de centrales utilisant des énergies fossiles.

Concrètement, cela veut dire :

- **baisser le chauffage pour viser les 19 °C dans les pièces de vie et les 17 °C dans les chambres, tout en utilisant des rideaux épais et en fermant les portes entre les pièces pour maintenir notre confort,**
- **limiter l'usage de la climatisation,**
- **privilégier les cycles « éco » des appareils de lavage, qui peuvent diminuer de plus de 40 % la consommation énergétique de l'opération,**
- **éteindre les appareils électriques lorsqu'ils ne sont pas utilisés. Les appareils en veille peuvent représenter jusqu'à 10 % de notre facture d'électricité,**
- **choisir des équipements électriques de classe énergétique A et A+ lorsqu'il s'agit de remplacer les appareils électroménagers hors d'usage, gourmands en énergie,**
- **opter pour des ampoules à LED pour l'éclairage.**

Améliorer l'empreinte carbone de son système de chauffage

Une fois le logement correctement isolé et les efforts de réduction de la consommation effectués, le grand axe d'amélioration de notre empreinte carbone tient au choix d'un mode de chauffage moins émissif. Les installations ne sont pas égales devant le CO_2 et celles qui utilisent des énergies fossiles ont un poids plus conséquent dans notre empreinte **(fig. 12)**.

Plusieurs études montrent que le choix d'un chauffage moins émetteur coïncide souvent avec des économies financières puisque les technologies plus récentes sont également plus efficaces. C'est pour cette raison que les aides publiques visent à détourner les particuliers du chauffage au fioul et au gaz et promeuvent plutôt les pompes à chaleur, les chaudières à granulés et les radiateurs électriques.

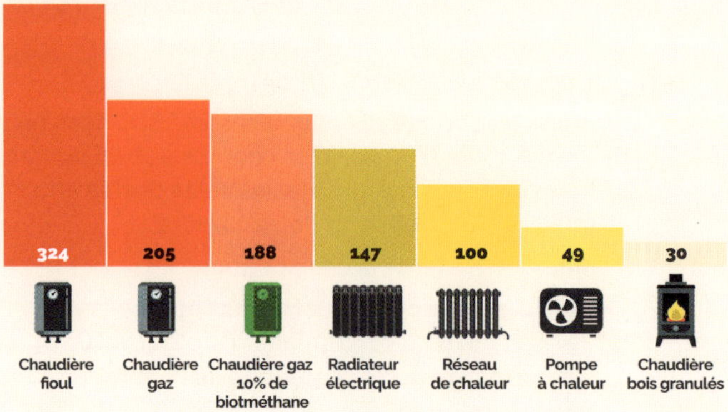

Fig. 12. Le coût carbone en CO_2e correspondant à la consommation de 1 kWh de chauffage.
(Source : Carbone 4, avec les données de l'ADEME)

Concrètement, cela veut dire :

- **avoir fait un maximum d'efforts d'isolation et de sobriété avant d'envisager tout changement pour dimensionner correctement la nouvelle installation,**
- **contacter le guichet France Rénov' via son agence locale (france-renov.gouv.fr) pour être guidé dans ses choix techniques et financiers.**

Se fournir en énergie verte

On appelle « énergies vertes » les énergies renouvelables, c'est-à-dire qui proviennent de ressources naturellement régénérées. Il ne faut pas confondre cette notion avec celle d'énergie décarbonée, qui peut provenir de ressources non renouvelables mais néanmoins faiblement émissives en CO_2. L'électricité d'origine nucléaire, par exemple, est décarbonée sans être « verte » ni « renouvelable ». Les principales énergies renouvelables sont les énergies solaire, éolienne, hydraulique, issue de la biomasse et géothermique. Leur part progresse chaque année dans notre mix énergétique, même si elles ne représentaient encore que 13 % de notre consommation énergétique en 2021. Parallèlement, le pétrole compte pour 28 % et le gaz naturel pour 15 %.

Faire le choix de se fournir en énergie verte, c'est donc avant tout encourager la filière des énergies renouvelables à se développer ; la France s'est fixé pour objectif d'atteindre 40 % d'électricité renouvelable d'ici 2030. Si l'énergie utilisée initialement par le logement est carbonée, c'est aussi l'occasion de réduire son empreinte. À titre d'exemple, le gaz naturel émet 227 grammes de CO_2e par kilowatt-heure alors que le biométhane délivre 14 grammes de CO_2e par kilowatt-heure[2].

Concrètement, cela veut dire :

- **choisir une offre « verte » auprès d'un fournisseur de gaz ou d'électricité, soit en contactant son fournisseur actuel puisque la plupart proposent désormais ce type d'offre, soit en utilisant un comparateur : ils sont nombreux sur le marché,**
- **produire et consommer sa propre énergie en installant, par exemple, des panneaux photovoltaïques sur son toit. Une solution à Paris encore essentiellement réservée aux bâtiments publics, mais qui pourrait se développer à l'avenir (voir le site monpotentielsolaire.smartidf.service),**
- **à défaut, et pour encourager la transition énergétique, rejoindre EnergCit'IF, une coopérative de Parisiens qui installe et exploite des panneaux solaires sur des toits publics comme privés et mène des actions de sensibilisation à la transition énergétique auprès des habitants.**

2. Ilek.fr.

Kloto Box

68, rue des Maraîchers, 20e
klotobox.fr

C'est dans la boîte • Un déménagement, ce sont en moyenne 60 cartons utilisés, qui finissent souvent à la poubelle. Sans compter les autres déchets, papier bulle, scotch... générés par l'opération et qui viennent en alourdir le bilan carbone. Lorsque Chloé et Honoré, amis de longue date et habitants du même quartier, ont créé Kloto Box, ils avaient avant tout envie de diminuer la quantité de cartons qu'ils voyaient régulièrement traîner sur les trottoirs en bas de chez eux, jusque dans les caniveaux. Inspirés par l'usage croissant de caisses en plastique dans les livraisons de supermarchés, ils ont imaginé pouvoir étendre cet usage aux déménagements. C'est ainsi qu'ils ont mis au point un service de location de caisses en plastique. Après avoir défini un cahier des charges précis pour leurs caisses vertes, ils les ont fait développer par une entreprise spécialisée qui utilise une matière à la fois recyclée et recyclable pour réduire au maximum l'empreinte du projet. Kloto Box propose aujourd'hui trois formules selon les volumes à transporter, de l'équivalent d'un studio jusqu'à 50 mètres carrés. Les bacs sont loués pour deux semaines avec un chariot et une couverture déposés à domicile par Kloto Box, et récupérés ensuite à la nouvelle adresse.

Carton Plein

132, rue des Poissonniers, 18e
cartonplein.org

D'un carton deux coups • Conjuguer écologie et lutte contre l'exclusion, c'est la raison d'être de Carton Plein. Le carton, symbole de la précarité, devient grâce à cette association l'emblème d'un renouveau personnel et la marque d'un effort pour limiter l'empreinte environnementale de nos déménagements. Employant des personnes en situation très précaire, Carton Plein leur propose de collecter des cartons usagés, de les trier et de les reconditionner afin de les revendre pour de nouveaux déménagements. D'un point de vue environnemental, la production d'un carton représente 40 litres d'eau et 500 grammes de CO_2 (comparable à un trajet de 15 kilomètres en train), sans parler du bois de la matière première. Avec Carton Plein, un carton peut soutenir trois ou quatre usages avant de finir en matière recyclée. L'association propose donc aux particuliers ces cartons de seconde main ainsi que des déménagements en vélos-remorques. Ceux-ci peuvent transporter l'équivalent d'un deux pièces en deux allers-retours, soit 300 kilos par trajet. Ces activités ont permis d'aider presque 700 personnes depuis 2012.

Agence parisienne du climat

Consultations sur le portail en ligne
ou par téléphone : 01 58 51 90 20
apc-paris.com

Rénover son logement • Une fois les premiers gestes de sobriété adoptés, il s'avère souvent nécessaire d'envisager des travaux de rénovation pour améliorer l'isolation thermique de son logement ou en changer le mode de chauffage. Or, se lancer dans ces projets tout en cherchant à tirer le meilleur parti des aides disponibles relève clairement du défi. Quel chantier est-il prioritaire ? Qui doit engager les travaux, le propriétaire ou la copropriété ? Quel diagnostic initial est requis pour obtenir les aides ?... C'est pour répondre à ces questions et atteindre son objectif de 100 % de rénovation du bâti d'ici à 2050 que la Ville de Paris a créé l'Agence parisienne du climat, il y a presque quinze ans. L'organisme veut être le guichet unique des Parisiens pour tout ce qui concerne la rénovation énergétique du logement. Sur le reste du territoire du Grand Paris, les ALEC (agences locales de l'énergie et du climat) prennent le relais, assurant le même service. Personne ne devrait donc se retrouver au bord du chemin. L'Agence parisienne du climat organise par ailleurs beaucoup d'événements pour informer tout un chacun sur le sujet, souvent de concert avec l'Académie du Climat.

Donner ses meubles

Si l'empreinte carbone d'un déménagement repose principalement sur le moyen de transport utilisé et la distance parcourue, le sort du mobilier et des objets abandonnés sur le trottoir pèse également dans le bilan. En attendant l'émergence de solutions décarbonées, autant s'assurer que nos anciens meubles auront une seconde vie en les vendant sur une plateforme type Leboncoin ou en les donnant à l'une des adresses suivantes.

Emmaüs Collecte

emmauscollecte.com

On ne présente plus l'association, née en 1949 sous l'impulsion de l'abbé Pierre. Emmaüs Collecte récupère les meubles et objets de décoration en bon état. Selon le volume, l'association peut venir enlever les objets sur place après une évaluation via son site Internet. Sinon, les dons doivent être déposés dans un point de collecte où ils seront triés et remis en état.

Neptune
association-neptune.com

L'association Neptune fournit du travail à des personnes éloignées de l'emploi en récupérant meubles et objets à l'occasion de déménagements ou de successions. Elle se déplace à la demande, collecte puis remet en circulation les objets dans ses entrepôts.

D'autres associations peuvent encore recueillir vos dons, tels les **Petits Frères des Pauvres** qui récupèrent antiquités et œuvres d'art pour leurs ventes caritatives ou la **Croix-Rouge** qui collecte vêtements, jouets et petits objets de décoration pour ses boutiques solidaires.

Donnons
donnons.org

Des plateformes en ligne facilitent également le don de particulier à particulier. Dans ce domaine, **Donnons,** créée en 2009, favorise le recyclage, mais surtout l'entraide et le partage. Le site a déjà permis de remettre en circulation plusieurs millions d'objets, de meubles, d'ustensiles de cuisine, d'appareils d'électroménager.

Geev
geev.com/fr

L'application **Geev**, créée en 2017, se positionne comme une alternative à l'achat et s'est donné pour mission de démocratiser le don entre particuliers en le rendant accessible à tous, partout et tout le temps. Très simple d'usage, elle est ouverte à toutes les catégories d'objets de la maison.

Je donne mon électroménager
jedonnemonelectromenager

Ce site est, comme son nom l'indique, spécialisé dans l'électroménager. Convenez d'un lieu et d'une date, et l'équipe Ecosystem viendra récupérer le matériel qui sera réparé via une ressourcerie, puis remis en circulation.

Eden Lodge

175, rue de Charonne, 11e
edenlodgeparis.net/en

Oasis parisienne • Au fond d'un jardin aussi paisible qu'inattendu, l'Eden Lodge, structure de bois et de verre, offre un havre de paix dans le brouhaha du quartier. Créée en 2015 par celui qui avait déjà conçu le premier hôtel solarisé à Madagascar (prix du meilleur hôtel durable au monde 2014), cette maison d'hôte pas comme les autres est avant tout exemplaire d'un point de vue environnemental : ossature bois, panneaux solaires incrustés dans la verrière, toiture végétalisée, climatisation alimentée par une pompe à chaleur, toilettes japonaises à faible débit... Difficile de trouver mieux à Paris dans sa catégorie. Le *lodge* propose six chambres qui donnent toutes sur de la végétation, côté jardin bien sûr ou côté patio. Le petit déjeuner bio est inclus et servi dans une chaleureuse cuisine commune. Enfin, le *lodge* prête des vélos à la demande. Un cadre exceptionnel et bas carbone pour mieux profiter de la capitale.

Hôtel Rosalie

8 bis, avenue de la Sœur-Rosalie, 13e
hotel-rosalie.com

Beau et écolo • Remettre la nature au cœur de la ville, voilà le projet de Joris Bruneel, déjà à l'origine du Babel à Belleville et qui signe avec l'hôtel Rosalie un deuxième établissement engagé pour un tourisme durable et solidaire. Situé près de la place d'Italie, cet hôtel 4 étoiles se veut un lieu fertile où le vivant a toute sa place. Derrière une façade néoclassique et sous le regard des muses bordant le *rooftop* se cache un véritable petit bijou. Des cocktails herbacés du bar jusqu'aux deux jardins de l'hôtel, tout est fait pour nous offrir un espace de respiration. Au-delà de cette attention au vivant, l'hôtel met l'accent sur ses engagements environnementaux. Dès sa conception, le choix des matériaux écoresponsables, la récupération d'éléments de mobilier préexistants et l'achat de pièces en seconde main ont permis de diminuer l'empreinte du chantier. Cet engagement se poursuit au quotidien par des économies d'énergie, une interdiction des emballages plastiques à usage unique et un partenariat avec une entreprise de compostage externe. L'approvisionnement suit un circuit court : bières brassées en Île-de-France, café de la Brûlerie des Gobelins, confitures parisiennes... Aussi conscient que solidaire, l'hôtel réserve une chambre suspendue aux hébergements d'urgence.

Solar Hôtel

22, rue Boulard, 14e
Tél. 01 43 21 08 20
solarhotel.fr

L'hôtel engagé • Militant de la première heure, fondateur d'Écologie sans frontière, Franck Laval a choisi en 2009 d'appliquer ses convictions personnelles à son métier d'hôtelier. Au premier regard, ce petit hôtel fonctionnel situé près de Denfert-Rochereau n'attire pas particulièrement l'attention, n'étaient ses panneaux solaires en façade et sa grande affiche contre les énergies fossiles. Après avoir fait son bilan carbone, l'hôtel a mis en place une véritable stratégie pour économiser l'énergie et réduire l'empreinte de ses approvisionnements. Le petit déjeuner bio vient ainsi de commerçants du quartier et les restes sont compostés dans le petit jardin. Les produits d'entretien sont écoconçus pour respecter l'environnement et le personnel qui les manipule. Enfin, l'hôtel met gratuitement des vélos à la disposition de ses hôtes. L'équipe fait par ailleurs montre d'une pédagogie de tous les instants pour informer sa clientèle sur l'impact d'un séjour : encouragements à prendre les escaliers plutôt que l'ascenseur, explications sur les transports en commun disponibles à proximité, notices didactiques dans les chambres pour encourager les économies d'eau... Pour parfaire le tout, l'hôtel est également le siège social de l'association Sea Shepherd.

Hi Paris – Yves Robert

20, esplanade Nathalie-Sarraute, 18e
hifrance.org/auberges-de-jeunesse/paris-yves-robert

Vert bitume • Située au cœur du quartier de La Chapelle, à quelques encablures de la gare du Nord, la halle Pajol a été le premier écoquartier parisien à voir le jour en 2013. Sous l'ancienne halle transformée en centrale solaire se trouvent une bibliothèque, quelques restaurants et l'auberge de jeunesse Hi Paris – Yves Robert. Celle-ci offre à ses hôtes un cocon de calme et de verdure au milieu de la ville. Abritée derrière le bardage en bois du bâtiment à énergie positive qui est la plus grande centrale photovoltaïque en centre-ville (3 500 mètres carrés de panneaux sur le toit), l'auberge jouxte un jardin couvert abritant une biodiversité remarquable en milieu urbain. Les eaux de pluie sont récupérées pour l'arrosage. L'auberge elle-même déploie une démarche environnementale forte. Au-delà de la fourniture d'énergie verte par le toit, elle réalise d'importantes économies d'énergie grâce aux nouvelles technologies et innovations tels le système de *power-pipe*, la VMC double flux et le puits canadien. Des espaces collectifs et des animations favorisent les rencontres et les échanges entre les hôtes.

Babel Belleville

3, rue Lemon, 20e
babel-belleville.com

L'oasis de Belleville • Premier hôtel français à avoir adopté le statut d'entreprise à mission, Babel a ouvert ses portes en septembre 2021. Il offre un moment de douceur à ses visiteurs, touristes ayant arpenté la ville tout au long de la journée ou riverains venus profiter du restaurant. D'un point de vue environnemental, l'hôtel a pris un certain nombre d'engagements qui se traduisent par deux labels. Le label Clef Verte engage toute l'équipe dans la réduction de l'empreinte carbone de l'hôtel, grâce à la diminution de la consommation énergétique, le choix d'un fournisseur d'énergie verte, le partenariat avec Les Alchimistes pour le compostage des déchets organiques ou l'abandon des contenants à usage unique, et la sélection de fournisseurs également engagés dans une démarche responsable. Un autre label vient récompenser les efforts faits en cuisine, où beaucoup d'ingrédients proviennent de circuits courts pour servir une offre végétarienne généreuse. L'hôtel s'inscrit également dans une démarche sociale en faisant la part belle aux projets d'insertion, notamment avec le Refugee Food Festival, et en travaillant autant que possible avec les associations du quartier.

Mob Hotel Paris les Puces

6, rue Gambetta 93400 Saint-Ouen
Tél. 01 47 00 70 70
mobhotel.com

Comme à Brooklyn • Situés au cœur des puces de Saint-Ouen, le Mob Hotel et sa Mob House pourraient tout aussi bien se trouver à Brooklyn ou dans London East End. Derrière une façade de briques, on retrouve les codes du cool décontracté, et pourtant raffiné et accueillant, des nouveaux hôtels urbains. Le Mob Hotel, ce n'est pas simplement une offre de logement et de restauration, mais une hôtellerie différente qui fait la part belle à l'écologie dans son acception environnementale et sociale. À titre d'exemple, la nourriture servie est à 100 % issue de l'agriculture biologique et d'un approvisionnement en circuit court via Biocoop et La Ruche qui dit oui ! Le gaspillage alimentaire est limité grâce à une pratique extensive du compostage et à un partenariat avec les Restos du Cœur. L'hôtel veille également à bannir tout plastique à usage unique et fabrique ses propres produits d'entretien. Quant au jardin, il contribue à la préservation de la biodiversité et fournit la cuisine en herbes. Enfin le Mob Hotel propose régulièrement des ateliers, comme par exemple la Fresque des nouveaux récits.

Se déplacer

Déplacements du quotidien, départs en vacances, visites à nos proches : la mobilité structure nos vies… et génère des gaz à effet de serre. En France, le secteur des transports représente 32 % de ces émissions[3]. Et à la différence d'autres grands postes de consommation, il est le seul à voir ses émissions augmenter depuis 1990, ce qui rend l'objectif de neutralité en 2050 difficile à atteindre sans une véritable inflexion dans les années qui viennent.

Au niveau individuel, nos déplacements quotidiens et longue distance pèsent en moyenne pour un quart de notre empreinte carbone, soit plus de 2,6 tonnes de CO_2e. Ils représentent généralement le premier poste de notre bilan carbone individuel.

3. « Chiffres clés du climat. France, Europe et monde », SDES, 2023.

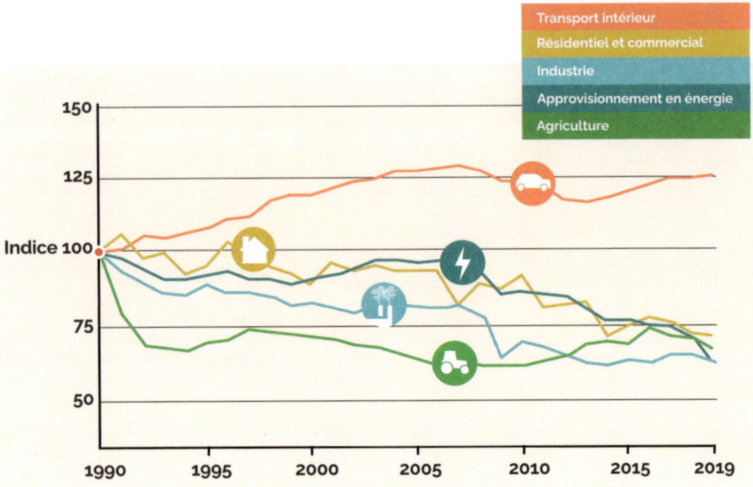

Fig. 13. La variation des niveaux d'émissions dans l'Union européenne (en équivalent CO^2).
(Source : Agence européenne pour l'environnement)

Comment explique-t-on le poids de nos transports dans ce bilan ?

Ces émissions de gaz à effet de serre sont d'une part la conséquence des déplacements du quotidien (trajets domicile-travail et activités journalières) et, d'autre part, des trajets longue distance, principalement effectués pour les vacances. Notre mobilité au quotidien compte pour les deux tiers du bilan général, le tiers restant venant de nos déplacements longue distance **(fig. 13)**.

Si les modalités de nos déplacements au quotidien ont quelque peu évolué depuis un siècle, leur durée journalière demeure très stable[4] : entre trois et quatre trajets de quinze à vingt minutes par jour, soit en moyenne une heure de déplacement au quotidien, de plus en plus en voiture[5]. L'étalement périurbain, sans véritable alternative de transport décarboné, et l'accessibilité de la voiture individuelle, ont

4. « Le vélo est le futur de la mobilité », Bon Pote, août 2021.
5. « Comment évolue la mobilité quotidienne ? », Centre d'observation des sociétés, novembre 2021.

placé cette dernière au cœur de notre mobilité quotidienne. Aujourd'hui, 95 % des émissions liées à nos trajets journaliers sont générées par des automobiles. Et celles-ci ne sont pas tant liées à la distance parcourue quotidiennement qu'à la composition du parc français (en 2023, 93,4 % du parc roulant est constitué de voitures à énergie thermique, essence ou diesel[6]) et au faible taux d'occupation de la voiture pendant ces trajets (54 % des déplacements de moins de 20 kilomètres s'effectuent seul dans le véhicule).

Nos déplacements longue distance ont leurs propres spécificités. Les Français parcourent en moyenne plus de 7600 kilomètres cumulés par an, à 86 % en France métropolitaine, majoritairement pour des raisons personnelles, 23 % des trajets de ce type étant motivés par des obligations professionnelles. Ces trajets longue distance reposent pour l'essentiel sur des moyens de transport carbonés, dépendant des énergies fossiles : l'aérien pour 9,4 %, la voiture pour 72 %, l'autocar pour 2,5 %... Le ferroviaire ne représente que 14 % de ces trajets[7].

En termes d'empreinte carbone, le bilan des trajets longue distance représente 10 % des émissions françaises de gaz à effet de serre, avec 41 millions de tonnes de CO_2e par an. La voiture individuelle y contribue pour une part importante (45 %), juste après l'avion (54 %), alors que le train représente 1 % des émissions dans cette catégorie.

Le recours à l'aviation cristallise en particulier beaucoup de débats. En 2018, le secteur était à l'origine de 2,6 % des émissions de gaz à effet de serre dans le monde. En France, selon les méthodes de calcul utilisées, l'empreinte du secteur aérien sur les émissions nationales de CO_2 varie entre 1,2 % si on ne prend en compte que les vols métropolitains, et 4,9 % si on inclut également la moitié des vols internationaux[8] **(fig. 14)**. Si le chiffre semble faible au regard de l'impact du transport routier, il a une tout autre allure dès qu'on

6. Données et études statistiques pour le changement climatique, l'énergie, l'environnement, le logement, et les transports, SDES.
7. « Voyager bas carbone », The Shift Project, avril 2022.
8. « Climat : pouvons-nous (encore) prendre l'avion ? », BL évolution, 2020.

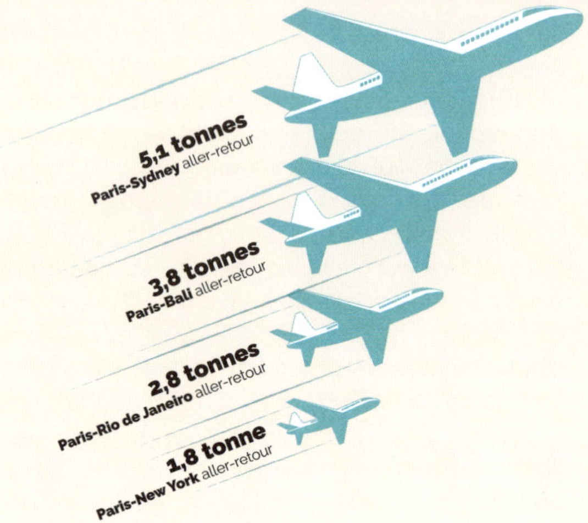

Fig. 14. Le coût carbone d'un passager sur un vol commercial A/R (avec impact des traînées de condensation).
(Source : ADEME)

le rapporte à l'échelle d'un individu ou d'un trajet. De tous les modes de transport, l'avion est le plus émetteur en gaz à effet de serre, 14 à 40 fois plus que le train par kilomètre parcouru et par personne transportée[9].

Par ailleurs, la mesure de l'impact carbone des trajets en avion ne doit pas se limiter aux émissions liées à l'usage du kérosène, mais aussi considérer l'ensemble de ses incidences environnementales[10], notamment les traînées de condensation qui se forment dans le sillage des appareils, poétiques vues du sol mais contribuant largement au réchauffement de la surface de la terre. Enfin, les avions rejettent des oxydes d'azote (NO_X) et, dans une moindre mesure, du méthane (CH_4), qui ont également un impact sur l'effet de serre[11]. Ces autres sources de pollution prises en compte, la part du transport aérien dans nos émissions nationales passeraient plutôt de 4,9 % à 10,2 %[12].

9. « Climat, air, énergie : les chiffres clés 2014 », ADEME Presse, 2014.
10. « Cinq mythes sur le transport aérien », Réseau Action Climat.
11. D.S. Lee *et al.*, « The contribution of global aviation to anthropogenic climate forcing for 2000 to 2018 », Atmospheric Environment, 2021.
12. « Climat : pouvons-nous (encore) prendre l'avion ? », *art. cit.*

Depuis les années 1970, le volume du trafic aérien mondial double tous les quinze ans. À ce rythme, les vols seront quatre fois plus nombreux en 2040 qu'ils ne l'étaient en 2010. En conséquence, les émissions du secteur aérien vont continuer à croître, et probablement tripler d'ici 2050. Cette perspective est évidemment peu compatible avec les objectifs de réduction drastique des émissions de GES à la même échéance.

Y a-t-il une spécificité parisienne dans ce domaine d'émissions de CO_2e ?

Le record de longueur des trajets du quotidien revient sans conteste aux habitants de la région parisienne : avec une heure et dix-huit minutes par jour en moyenne, ils sont champions de France toutes catégories ! Pour leurs trajets domicile-travail, 44 % des actifs franciliens utilisent métro, bus, tramway, RER ou train. Au-delà de ces déplacements, les trajets journaliers des Parisiens s'effectuent principalement à pied (52 %) et en transport en commun (22 %)[13].

Pour les voyages ou les trajets longue durée, le bilan carbone de la Ville indique qu'en 2018, les déplacements en avion des Parisiens ont généré 7,6 millions de tonnes de CO_2e, soit l'équivalent de 67 allers-retours entre la Terre et le Soleil.

Plus que le lieu, c'est surtout le niveau de vie qui détermine la quantité d'émissions de gaz à effet de serre des voyages : on ne s'étonne pas que le quart des ménages les plus aisés se déplacent plus loin et plus souvent en avion que les autres. Ils sont à l'origine de 45 % des émissions liées aux mobilités longue distance. En resserrant la focale sur le 1 % des ménages les plus aisés d'Europe, l'usage de l'avion porte leur bilan carbone individuel de 11,7 à 22 tonnes de CO_2e **(fig. 15)**.

13. « Le bilan carbone de la Ville de Paris 2018 », paris.fr.

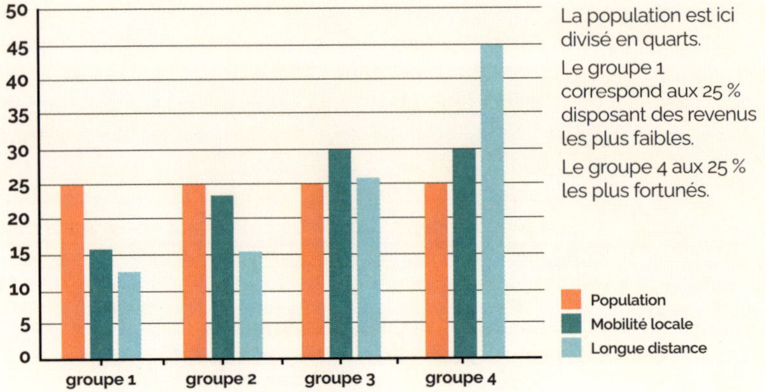

Fig. 15. Les émissions de gaz à effet de serre en France selon le niveau de vie (en %).
(Source : SDES, Insee)

Comment réduire l'empreinte carbone de ses déplacements ?

Se passer de la voiture pour les trajets de courte distance

Dans quelque sens qu'on prenne le sujet, la voiture représente les trois quarts des émissions liées au transport en France. En Île-de-France, elle reste le mode privilégié des trajets du quotidien, alors que 30 % de la population pratique l'ensemble de ses activités à moins de neuf kilomètres de son domicile. Pas encore « la ville du quart d'heure » développée par Carlos Moreno, mais une distance qui permet largement de se passer de la voiture au quotidien. Qu'il s'agisse d'emmener ses enfants à l'école, de faire une course de dernière minute ou de rejoindre des amis pour dîner, le fait d'attraper ses clés de voiture est souvent plus une question d'habitude que de praticité.

Éviter de prendre la voiture pour les trajets courts est le premier geste à mettre en œuvre pour ceux d'entre nous qui utilisent leur véhicule personnel comme mode de transport principal au quotidien.

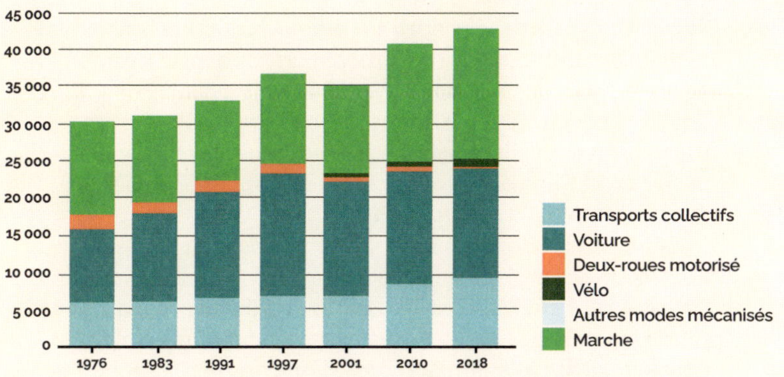

Fig. 16. Le nombre de déplacements quotidiens selon le mode, en Île-de-France (en milliers).
(Source : Apur, Île-de-France Mobilités)

La région parisienne a la chance de bénéficier d'un réseau dense de transports en commun qui présente l'opportunité de réduire notre empreinte carbone au quotidien **(fig. 16)**. Pour un kilomètre parcouru, les chiffres sont sans appel :

- en train sur le réseau Transilien – RER : 6,6 grammes de CO_2e
- en tramway : 3,4 grammes de CO_2e
- en métro : 3,8 grammes de CO_2e
- en bus : 104 grammes de CO_2e
- en voiture : 134 grammes CO_2e

En outre, le réseau francilien continue de s'améliorer grâce un plan d'investissement de quatre milliards d'euros établi à horizon 2027, pour moderniser le réseau et décarboner les mobilités. Au-delà du métro, du train ou du RER, d'autres modes sont envisageables pour remplacer la voiture sur les trajets courts ; les Franciliens ne recourent cependant qu'à 7 % à la marche et qu'à 2 % au vélo. Jusqu'à cinq kilomètres de distance, le vélo est pourtant aussi rapide que les transports motorisés, notamment grâce au développement des pistes cyclables. Un « forfait mobilité durable » a été créé en 2020 pour encourager financièrement le passage aux mobilités douces et permettre aux employeurs qui le souhaiteraient de contribuer à la décarbonation des déplacements de leurs salariés entre domicile et lieu de travail. Il couvre une partie des frais occasionnés par les nouveaux modes de transport (vélo, voiture hybride ou électrique, covoiturage). La Région et Paris ont développé des incitations financières dans le même sens (voir page 78).

Enfin, la Ville de Paris a formalisé un nouveau Plan Vélo 2021-2026, visant à créer 180 kilomètres de nouvelles pistes cyclables qui s'ajouteront aux 1 000 kilomètres déjà existants, à aménager de nouvelles places de stationnement pour les vélos et à renforcer l'écosystème parisien autour du deux-roues (associations, services de réparation...).

Concrètement, cela veut dire :

- **prendre connaissance des modes de transport alternatifs à la voiture disponibles sur le même trajet, par exemple grâce aux applications d'itinéraire comme celle de la RATP, Citymapper ou Maps,**
- **examiner l'opportunité d'acheter ou de louer un vélo grâce aux offres d'abonnement et aux aides à l'achat de la Région, de la Ville et de l'État,**
- **garder en tête que les mobilités « actives » s'accordent heureusement à nos vies sédentaires puisqu'elles nous permettent d'avoir une activité physique quotidienne en circulant à vélo ou en marchant.**

Diminuer l'usage individuel de la voiture

L'impact carbone d'un déplacement varie en fonction du nombre de personnes transportées par le véhicule, que ce soit un avion, un train ou une voiture. D'après une étude du groupe Vinci, « l'autosolisme » (le fait de rouler seul dans sa voiture) est le cas de 83,3 % des conducteurs le matin, aux heures de pointe[14]. Meilleure solution contre cet autosolisme, le covoiturage reste encore peu pratiqué en région parisienne, même s'il a augmenté de 7 % entre 2023 et 2024. Depuis début 2023, il est encouragé par une prime versée directement par la plateforme de covoiturage sur laquelle le trajet a été convenu.

Concrètement, cela veut dire :

- **utiliser les nombreuses plateformes existantes (Mobicoop, Karos, Klaxit, Covoit'ici, Cytigo, Blablacar...) pour ouvrir sa voiture au covoiturage ou monter dans la voiture d'un autre Francilien,**
- **œuvrer pour qu'une plateforme de covoiturage soit mise en place par son employeur.**

Passer au véhicule électrique

Le meilleur trajet en voiture est toujours celui qu'on ne fait pas. Pour les trajets où aucun mode de transport décarboné n'est disponible, pourquoi ne pas passer à la voiture électrique ? D'autant plus que la vente de véhicules thermiques neufs sera interdite à partir de 2035 dans toute l'Europe. Les véhicules électriques ont certes un impact environnemental, mais nettement moindre que leurs équivalents thermiques. Si la voiture électrique est plus émissive qu'un véhicule thermique dans sa phase de fabrication (notamment en raison de la production des batteries), elle compense cette situation en phase d'usage. Sur l'ensemble de son cycle, une

14. « 4e baromètre de l'autosolisme », VINCI Autoroutes, septembre 2023.

voiture électrique, roulant en France, a un impact carbone deux à trois fois inférieur à celui d'un modèle thermique similaire, dès lors que sa batterie reste de capacité raisonnable (< 60 kilowatts-heure)[15]. Cette analyse reste bien sûr tributaire de l'origine de la production électrique du pays dans lequel on se trouve, ainsi que de la taille et du poids du véhicule concerné[16].

La voiture électrique restant néanmoins émettrice de gaz à effet de serre, la solution ne peut pas reposer sur la simple électrification de notre parc, mais sur la refonte globale de nos mobilités de courte et de longue distance en privilégiant les transports collectifs.

Concrètement, cela veut dire :

- **réfléchir à ses usages de la voiture et imaginer toutes les substitutions possibles par des modes collectifs ou actifs,**
- **pour les trajets restants, déterminer le véhicule à la puissance adaptée,**
- **privilégier la location afin de compenser les émissions liées à la fabrication par un usage maximum,**
- **en cas d'achat, se renseigner sur les aides disponibles, telle la prime à la conversion des véhicules (primealaconversion.gouv.fr),**
- **choisir le bon moment pour recharger son véhicule afin de privilégier l'utilisation d'électricité renouvelable et bas carbone.**

15. « Avis de l'ADEME : voitures électriques et bornes de recharge », ADEME, octobre 2022.
16. A. BIGO, « La voiture électrique, solution idéale pour le climat ? », Bon Pote, mars 2023.

Préférer le train à l'avion

20 % des émissions de CO_2 du transport aérien mondial sont le fait de voyages de moins de 1 500 kilomètres qui pourraient être effectués autrement. En France, environ 18 % du trafic aérien correspond à des liaisons intérieures.

Prendre l'avion pour un vol qui ne sortira pas de l'Hexagone est 14 à 40 fois plus polluant que le train sur la même distance. Quant à la voiture thermique, elle n'est compétitive en matière d'émissions de gaz à effet de serre que si elle transporte au moins deux personnes.

Donner au train l'avantage sur l'avion dès que c'est possible apparaît donc comme une solution décarbonée viable pour un certain nombre de trajets longue distance. Et même si quelques trains roulent encore au diesel, que de nombreuses lignes européennes ne sont pas encore électrifiées et que l'électricité produite n'est pas toujours décarbonée, le rail reste le mode de transport longue distance à la meilleure efficacité environnementale.

Voyager en train plutôt qu'en avion suppose toutefois de repenser notre vision de la mobilité. Dans une récente étude IFOP conduite pour la Fondation Jean-Jaurès, des passagers aériens étaient interrogés sur les raisons de leur préférence[17]. Pour 72 % des répondants, la rapidité du voyage était la première réponse. Se déplacer en train impose d'accepter une certaine lenteur, le trajet faisant partie du voyage et offrant à l'occasion des haltes intermédiaires qui enrichissent l'expérience globale.

Concrètement, cela veut dire :

- **s'appuyer sur les plateformes de plus en plus nombreuses d'itinéraires par le train (Mollow, Hourail…) pour trouver une destination lointaine et décarbonée,**
- **tirer avantage des différents abonnements et pass permettant de voyager à tarif réduit (carte avantage SNCF, pass Interrail…).**

17. J. PELTIER, « Les Français, les voyages et l'avion », Fondation Jean-Jaurès, juin 2022.

Voyager moins souvent en avion et pour de plus longues durées

Dans la mesure où un aller-retour Paris–New York émet l'équivalent de deux tonnes de CO_2, renoncer aux voyages en avion est une manière très efficace de réduire son empreinte carbone individuelle **(fig. 17)**. Relativisons la place de l'avion dans nos vies en nous rappelant que les vols commerciaux n'ont vraiment commencé qu'il y a soixante-quinze ans ; l'habitude de prendre l'avion pour partir en week-end ne date que des années 1990 avec l'avènement des compagnies *low cost*. Mesurons également que 50 % des billets sont achetés par 2 % de la population française. Inversement, 20 % des Français ne sont jamais montés à bord d'un avion[18].

Enfin, si l'aviation a gagné 2 % en efficacité énergétique ces dernières années, la demande croît beaucoup plus rapidement… et les émissions continuent donc d'augmenter. Aucune perspective technologique, au plan des carburants ou sur celui des captures carbone, ne permet aujourd'hui d'espérer atteindre les objectifs de neutralité en 2050 sans réduire le volume des vols[19].

Concrètement, cela veut dire :

- **renoncer dès que possible à un voyage en avion en cherchant des modes de transport alternatifs,**
- **privilégier les itinéraires directs puisque c'est au décollage et à l'atterrissage que l'avion consomme le plus,**
- **voyager moins souvent et plus longtemps pour amortir le bilan carbone de son trajet.**

18. « Elite Status: How a small minority around the world take an unfair share of flights », ONG Possible, mars 2021.
19. R. SACCHI, « How to make climate-neutral aviation fly », *Nature*, juillet 2023.

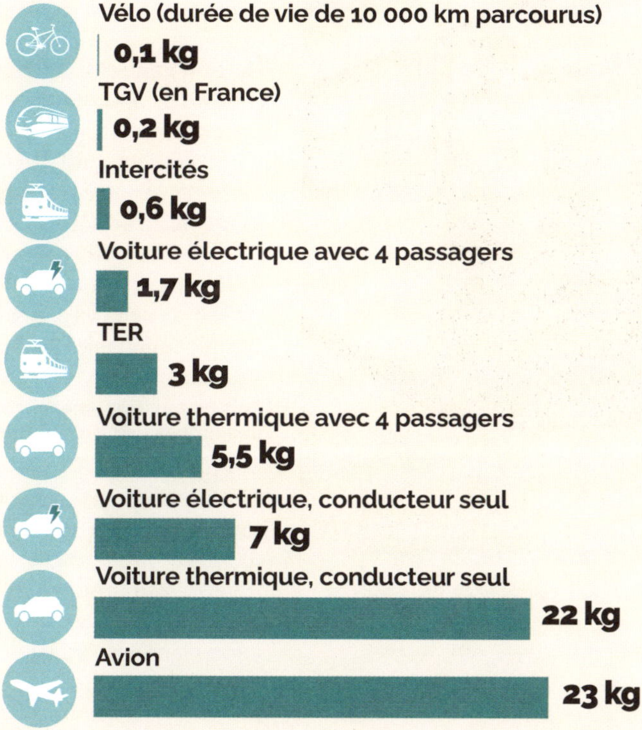

Fig. 17. Le coût carbone de 100 km parcourus (en équivalent CO_2/personne).
(Source : Les Cactus)

Obtenir une aide pour basculer dans la mobilité durable

L'État, la Région et la Ville aident les candidats aux mobilités douces.

Du côté de **l'État**, la prime peut aller jusqu'à 2 000 euros pour financer l'achat d'un cycle, avec ou sans pédalage assisté, ou d'un vélo cargo ou pliant. Le bénéfice de cette aide est toutefois conditionné au revenu.

Plus de renseignements sur primealaconversion.gouv.fr

Île-de-France Mobilités a de son côté mis en place une aide à l'achat pour différents types de vélos à assistance électrique. Elle est comprise entre 100 et 600 euros et correspond à 50 % du prix d'achat du cycle. Elle est ouverte aux adolescents de plus de 15 ans et à l'achat d'un kit d'électrification pour les plus mécanos. Elle est cumulable avec les aides de la Ville ou de l'État.

Plus de renseignements sur mesdemarches.iledefrance-mobilites.fr

La Ville de Paris a mis en place très tôt des aides généreuses pour l'achat d'un vélo, qu'elle a depuis revues à la baisse et soumises à un barème de revenus du foyer. Le montant correspond à 33 % du prix du vélo à assistance électrique ou à 100 % du prix du vélo mécanique. Le dispositif est réservé aux personnes dont le revenu fiscal de référence est inférieur à 6 300 euros par an.

Plus de renseignements sur www.paris.fr

D'autres communes d'Île-de-France proposent le même type d'aide. Se renseigner auprès de la mairie de son lieu de résidence.

Véligo

Renseignements et locations sur veligo-location.fr ou par téléphone : 09 69 36 96 30

Tester le vélo à assistance électrique • Cinq ans après son lancement en fanfare par la Région, le succès de Véligo ne se dément pas. Pour Île-de-France Mobilités, l'objectif est d'aider les Franciliens à se familiariser avec le vélo électrique grâce à une offre de location « moyenne durée » avant d'espérer voir les nouveaux convertis basculer définitivement et acheter leur propre vélo. Avec trois modèles, la gamme est assez large pour séduire tous les utilisateurs potentiels : vélo solo, triporteur avec sa carriole avant, bi-porteur – dit encore « *longtail* » par les initiés – équipé d'une banquette arrière. L'offre de vélo à assistance électrique (VAE) est complétée par quelques accessoires, casque ou sacoche, venant parfaire le kit du parfait cycliste. Conçue comme une période d'essai, la location est limitée à six mois, renouvelables trois mois. Les tarifs oscillent entre 40 et 80 euros selon le modèle. Le vélo se choisit avec ses accessoires sur le site Internet, puis est livré à domicile ou à l'adresse choisie par le locataire. Même formule au retour. Le vélo est robuste, bien équipé et assuré. Aucune raison de ne pas se lancer !

Gaya

93, quai de Valmy, 10e

gaya.bike

À bicyclette • Gaya, c'est la rencontre d'un spécialiste de l'innovation automobile et d'une jeune entrepreneuse souhaitant favoriser la mobilité douce en ville. Il en résulte une offre de vélos cargo qui lève tous les freins à l'adoption du vélo en ville. Susceptible de remplacer la voiture familiale sur de courts trajets, ce vélo coche tous les critères de sécurité, de flexibilité et de fiabilité attendus par les futurs utilisateurs. Pour cela, l'équipe de Gaya a eu recours à la co-construction avec ses futurs clients. C'est ainsi que sont nés deux vélos : un modèle compact qui permet de rouler à un ou à deux, et un vélo cargo offrant de transporter deux enfants et d'emporter 160 kilos de charge. En prime, un grand phare avant, des clignotants, un feu stop et un vrai klaxon pour rendre la navigation la plus sécurisée possible. Jacques et Alice ont même doté leurs vélos d'un traceur GPS qui permet de localiser sa monture, de la verrouiller à distance et d'être alerté en cas de suspicion de vol. Détail important : les vélos sont désormais assemblés en France. De quoi faire disparaître les dernières résistances à l'achat. La boutique du quai de Valmy est spacieuse et permet de juger sur pièce avant de configurer son vélo sur le site Internet.

Steel Cyclewear and Coffeeshop

58, rue de la Fontaine-au-Roi, 11e
steelcyclewear.com

Café-vélo • Ici, on ne rigole ni avec le vélo ni avec le café ! Marc a fondé ce lieu en 2015, après des années à rouler entre amis et à se demander où se retrouver après leurs sorties. À la fois *coffee shop*, magasin de vélos et d'accessoires et point de location, ce lieu d'inspiration anglo-saxonne est unique en son genre. Entre extractions courtes et lentes, le café y coule à côté d'alléchantes pâtisseries... De quoi prendre des forces avant sa journée ou après sa sortie. L'espace est également ouvert au coworking dans la journée. Côté cycles et accessoires, le magasin privilégie des marques triées sur le volet, dont certaines sont présentes en exclusivité. Les vêtements sont sobres, « *good-looking* » et permettent d'être bien habillé à vélo, voire de ne pas se changer en arrivant au bureau. Au fond du magasin, des vélos gravel ou de route sont disponibles à la location pour la journée, avec un kit comprenant une sacoche de selle et le nécessaire de réparation, un porte-bidon et un bidon Steel, une mini-pompe, un antivol et une assurance. En bref, tout pour partir à l'aventure !

Atelier Solicycle

1-3, rue Prévost-Paradol, 14e
Tél : 01 45 39 91 17
Et six autres adresses en région parisienne sur solicycle.org

Les vélos du cœur • Solicycle est au carrefour de préoccupations sociales et environnementales. Après avoir récupéré par centaines des vélos en déchetterie ou via des dons de particuliers, les ateliers les remettent en état et les revendent à prix modeste pour garantir à tous l'accès à ce mode de mobilité douce. Les deux tiers des vélos recyclés (environ 300 par an) sont remis en circulation, le reste alimentant l'atelier en pièces détachées. Les mécaniciens sont ici en parcours d'insertion, apprenant leur métier avant de prétendre à un CDD ou à un CDI, par exemple dans une grande enseigne sportive. Partant du principe qu'un vélo entretenu est un vélo qui dure plus longtemps, les ateliers proposent également chaque semaine des cours d'autoréparation aux habitants du quartier. On vient ainsi bricoler une manette de changement de vitesse, revisser un guidon un peu flottant ou changer une roue défectueuse. L'adhésion à l'association permet d'accéder à l'atelier ; les mécanos de Solicycle prodiguent volontiers leurs conseils, mettent à disposition des outils, des pièces détachées et leur bonne humeur.
Il existe sept ateliers Solicycle en Île-de-France, dont plusieurs à Paris. Accueil sans rendez-vous pour les pannes inopinées et simples.

Nomadeshop

37, boulevard Bourdon, 4e
nomadeshop.com

S'équiper pour rouler • Il n'y a pas que le vélo dans la vie. Paradis des amateurs de roulettes, Nomadeshop est installé à Bastille depuis bientôt vingt ans et permet à chacun d'assouvir ses envies de *ride* et de fluo. Temple de la glisse urbaine, le magasin s'est forgé une réputation grâce au roller avant de s'ouvrir à la trottinette, au skate et au BMX. Qu'on y vienne avec les hésitations du débutant ou l'assurance du pratiquant chevronné, on est accueilli avec le sourire et bien entouré par l'équipe de vendeurs *riders*. Côté trottinettes, le rayon commence avec les enfants et va jusqu'à la trottinette de route ou de *freestyle*. Nomadeshop est aussi le point de départ de la fameuse rando Rollers & Coquillages, qui rassemble des centaines de passionnés chaque dimanche pour une traversée de Paris gratuite et ouverte à tous.

Vélos à gogo

Que vous rêviez d'une monture vintage ou de la star des vélos de course, l'objet de toutes vos convoitises vous attend forcément quelque part. Pourquoi pas ici ?

Bicyclaide

43, rue Victor-Hugo, Courbevoie
bicyclaide.coop

Cette coopérative se dédie au réemploi des vélos, mais aussi à la promotion des mobilités douces sur deux roues. Dans son atelier, l'équipe collecte, trie, répare et donne une seconde vie aux cycles destinés au rebut. Nombreux vélos d'occasion disponibles, quelques neufs.

Cyclofficine

5, rue Pierre-Bonnard, 20e
cyclocoop.org

La coopérative organise régulièrement des « cyclo-braderies », mais anime aussi plusieurs ateliers pour apprendre à réparer son vélo, dévoiler une roue ou changer soi-même des rayons.

Vélo Vintage

18, rue Pache, 11e
velovintageparis.com/

C'est l'endroit où aller quand on rêve de s'acheter un modèle Peugeot vintage à la couleur acidulée. Ici, on est amoureux des vélos anciens, de leur cadre fin et de leur guidon gracieusement courbé. La boutique offre aussi un service de réparation.

La Chouette

20, rue du Château-d'Eau, 10e
lachouetteparis.com

Dans cette boutique de niche, vous trouverez surtout des marques plutôt exclusives de vélos traditionnels et gravel. Les deux fondateurs ayant un pied dans d'autres pays, ils y dénichent des modèles rares à Paris et les assemblent sur mesure pour leurs clients. Très belle sélection d'accessoires, notamment pour les voyages. Atelier de réparation en prime.

Pastel Cycles

4, rue Richer, 9e et autres adresses
pastel-cycles.com

Derrière une devanture flashy, l'offre s'étend ici du vélo musculaire au VAE en passant par les fameux vélos pliables Brompton, plébiscités pour l'intermodalité. Large gamme d'accessoires et atelier de réparation.

La Roue Liber

32, rue Vignon, 9e
laroueliber.fr

L'échoppe, splendide, est exclusivement dédiée à la petite reine, du VAE au vélo de course. Bel espace atelier au fond de la boutique et service d'étude posturale au sous-sol.

Holland Bikes

79, boulevard Lefebvre, 15e
et autres adresses
hollandbikes.com

Le port haut du cycliste chevauchant un vélo hollandais le distingue au premier regard de ses semblables, courbés sur un vélo ordinaire. L'offre est étoffée : cédez donc à la tentation !

En Selle Marcel

6, avenue de Madrid, Neuilly-sur-Seine
et autres adresses à Paris
ensellemarcel.com

Ce réseau entièrement dédié au vélo a été un des premiers sur le marché. Gamme complète et accessoires séduisants. Joli choix pour les enfants.

Cyclable

68, avenue de Versailles, 16e
et autres adresses
cyclable.com

Cyclable a forgé sa réputation sur le vélo cargo, à grand renfort de journées portes ouvertes et de promenades-découvertes. Porteur avant, porteur arrière, trois roues, *short tail, longtail*... Le monde du cargo est vaste et les conseils à l'achat indispensables.

Ecox

136, avenue du Maine, 14e
et autres adresses
ecox.fr

Pour les amateurs de VAE, Ecox est le réseau de référence. Large gamme de vélos neufs et de modèles reconditionnés garantis 12 mois. Atelier de réparation.

L'aventure au bout de la rue

Vouloir réduire l'empreinte carbone de nos voyages n'est pas une raison pour céder à la morosité ; il y a tant de choses à découvrir à quelques kilomètres de la maison ! De nombreux sites de micro-aventures ou de randonnées facilitent les explorations en proposant des circuits à Paris, en Île-de-France et au-delà. Ou comment vivre follement dans la nature et éviter d'abîmer la planète !

En nature Simone, par Helloways

ennaturesimone.com

« La grande traversée » n'est assurément pas celle de l'Amazonie, mais une des micro-aventures les plus appréciées du site. Ce parcours de deux jours mêle randonnée et canoë le long de l'Epte, qui court sur trois départements. Le magazine web créé par Helloways redonne ses lettres de glamour à la randonnée au-delà du périph'.

Le club Chilowe

club.chilowe.com

Tout le monde n'a pas l'âme d'un GO et il est plus facile de partir une semaine au Maroc que d'organiser un tour des lacs dans les Vosges. Pour ceux qui ont envie de se laisser porter, le club Chilowe est parfait : cette agence de voyages d'un nouveau genre organise des expéditions originales et dépaysantes « sans prendre l'avion ».

« Recto Verso », par *Les Others*

lesothers.com

L'aventure est un jeu d'enfant dès lors qu'on s'y prend méthodiquement. Telle était la conviction du magazine *Les Others* lorsqu'il a créé ce kit « Recto Verso ». Armé d'une carte recensant les plus beaux espaces naturels de France et en suivant la méthode pas à pas, la traversée des hauts plateaux du Vercors est d'une facilité déconcertante. L'achat du kit donne accès à une plateforme communautaire très riche en suggestions d'itinéraires, en invitations à rejoindre d'autres aventuriers et en bonnes pratiques en matière de rando.

Enlarge your Paris

enlargeyourparis.fr/balades

Créé en 2013 par Vianney et Renaud, ce média indépendant propose d'explorer le Grand Paris. Il est une excellente source d'inspiration pour visiter les frontières de la Région, organiser des sorties en nature accessibles en transports en commun ou, pourquoi pas, se lancer dans la boucle de 350 kilomètres de la ceinture verte d'Île-de-France.

2 jours pour vivre

Instagram : @2jourspourvivre.com

Comme dans une conversation amicale, Amélie évoque ses week-ends consacrés à explorer la France sur son vélo ou en chaussures de rando. Entre photos alléchantes et explications détaillées, on a vite envie de prendre le prochain train pour Cherbourg ou les Cévennes.

En train jusqu'au bout du monde

Alors que les trains de nuit font peu à peu leur *come-back*, un écosystème autour du voyage ferroviaire fleurit sur le web. Une invitation à se réapproprier le temps du voyage en lui-même...

Mollow

mollow.eu

Rejoindre les *Cinque Terre* en train, se réveiller sur les îles Lofoten ou partir avec son vélo vers Venise... Chez Mollow, personne ne cherche à battre un record de vitesse, mais plutôt à créer des souvenirs inoubliables. Des dizaines d'itinéraires en train en France et en Europe sont proposés sur cette plateforme collaborative et l'offre ne cesse de s'enrichir de nouvelles suggestions portées par la communauté. Chaque itinéraire est détaillé sur un plan, avec les étapes et activités qui y sont liées.

Hourrail

hourrail.voyage/fr

C'est après avoir décidé de ne plus prendre l'avion que Benjamin a lancé Hourrail, un site Internet qui aide les voyageurs bas carbone à sélectionner des destinations conciliant les envies d'aventure et le souhait de limiter leur empreinte carbone. Le site fonctionne comme un moteur de recherche dans lequel on entre une envie, une destination, un temps de voyage. On est alors pris en main avec un itinéraire de bout en bout et un lien vers les plateformes des billetteries. Aurores boréales ou remake du *Guépard* sous le soleil de Palerme : tout semble possible !

Le Monde en train

lemondeentrain.fr

Créé par des fanatiques du voyage en train, ce site recense des périples inattendus au départ de Paris. Qui penserait à rallier Tokyo par le rail ? En passant par Vladivostok, et avec un peu de ferry vers la fin, c'est tout à fait envisageable !

Once Upon A Train

ouat-train.com

C'est précisément pour se rendre au Japon que Samuela Burzio a élaboré un itinéraire en train puis n'a eu de cesse de « trainifier » le monde en permanence. Elle fédère aujourd'hui sur son site des acteurs convaincus par ce mode de transport (blogs, billetterie, comparateurs, annuaires d'itinéraires…) et aide ses adhérents à construire leur voyage.

Simply Railway

simplyrailway.net

Thibault Constant, fils de cheminot, teste tous les voyages en train possibles en Europe et plus loin encore. Il poste chaque semaine sur sa chaîne YouTube le compte-rendu de ses nouvelles explorations ferroviaires. Par exemple, celle du Rome-Syracuse en traversant le détroit de Messine, chargé sur un ferry.

Sailcoop

Trajets et réservations sur sailcoop.fr

Toutes voiles dehors • La lutte contre le changement climatique a redonné une certaine jeunesse à la marine à voile, seul moyen de traverser les mers avant le XXe siècle. Développer le transport à la voile en France et même à l'étranger, voilà l'ambition des fondateurs de Sailcoop. La coopérative gère depuis mai 2022 deux lignes qui relient Calvi à Toulon et à Saint-Raphaël. Une véritable alternative à l'avion ou au ferry pour rejoindre l'île de Beauté. En fin d'après-midi, les voyageurs, qui n'ont pas besoin d'être des navigateurs chevronnés, rejoignent le voilier d'une quinzaine de mètres pour une traversée qui durera entre quinze et vingt-quatre heures. Une fois à bord, quelques consignes de sécurité sont partagées, puis chacun est mis à contribution, notamment pour préparer le repas qui sera partagé dans une atmosphère simple et conviviale. La nuit tombée, chacun retrouve sa couchette dans une des cabines doubles du bateau en attendant l'arrivée aux aurores.

La Librairie du Voyageur

34, rue Ramey, 18e
librairieduvoyageur.com

Voyage immobile • « Le monde est un livre et ceux qui ne voyagent pas n'en ont lu qu'une page », disait saint Augustin. La citation irait à ravir à cette discrète librairie située en contrebas du Sacré-Cœur. A-t-on nécessairement besoin de se déplacer pour voyager ou peut-on, comme on le suggère ici, vivre le voyage par la lecture ? La librairie émane des éditions Magellan & Cie, maison dont la vocation est de donner la parole aux écrivains-voyageurs. Elle réunit en un lieu les publications de dix maisons d'édition membres de l'Union des éditeurs de voyage indépendants, fondée en 2012. Du carnet de voyage sur le Transsibérien au recueil de poésies bretonnes en passant par un thriller géopolitique au cœur de Moscou, tout invite à ouvrir sur le monde un regard passionné et curieux. Pas de guide de voyage ici, mais des récits d'aventuriers ou d'explorateurs qui ont mis leurs mots au service de notre appétit d'ailleurs.

GreenGo

Logements et réservations sur greengo.voyage

Écobn'b • C'est la lecture d'un des rapports du GIEC, en 2019, qui a donné envie à Guillaume et à ses associés de se lancer dans le domaine du tourisme – celui-ci représentant en effet en France 11 % des émissions de CO2 et, accessoirement, 8 % du PIB. Cette plateforme d'hébergements vertueux rassemble des offres de particuliers, notées sur une grille de 113 critères de durabilité, autour de dix thèmes : transport, cadre de vie, éco-habitat, gestion de l'énergie, alimentation, gestion des déchets, achats responsables, gestion de l'eau, politique environnementale et sociale, expériences locales. Les lieux proposés sont très variés, de la cabane normande à la chambre dans un château breton en passant par la *tiny house* au fond du Morvan. Le site propose ainsi plus de 10 000 logements écoresponsables. Dernière innovation en date, la mise en ligne d'un comparateur de transports incluant vélo, train, bus, voiture électrique, voiture thermique et avion, calculant leurs impacts CO_2e respectifs.

Se nourrir

Notre alimentation est une source de plaisir, de convivialité et porte une dimension culturelle très forte. Pour autant, elle n'est pas sans conséquences sur le changement climatique. En France, un quart des émissions de gaz à effet de serre provient de notre assiette, presque autant que celles liées à nos déplacements ou à notre logement.

Rapportée à une échelle individuelle, elle est notre deuxième poste d'émissions avec plus de deux tonnes de CO_2e par an. Cette valeur peut donner le vertige au regard de l'objectif global d'émissions individuelles fixé par l'accord de Paris.

Comment explique-t-on le poids de notre alimentation dans ce bilan ?

Comprendre les sources d'émissions de notre alimentation est essentiel pour identifier les leviers d'actions individuelles qui nous permettront de réduire l'empreinte carbone de notre assiette.

Si le transport ou la transformation industrielle des aliments ont un impact sur le bilan global, la production agricole est le premier poste d'émissions de gaz à effet de serre de notre assiette. Avec 109 millions de tonnes de CO_2e, elle compte pour les deux tiers de l'empreinte carbone de notre alimentation **(fig. 18)**.

Étonnamment, les émissions du secteur agricole n'ont pas pour principale origine la consommation d'énergies fossiles et donc la production de CO_2 ; l'agriculture génère l'essentiel des émissions des autres gaz à effet de serre que sont le méthane et le protoxyde d'azote.

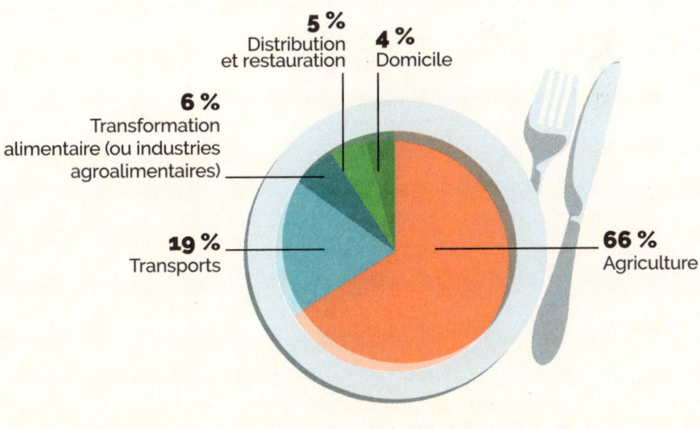

Fig. 18. L'origine de l'empreinte carbone de l'alimentation des Français (en %).
(Source : ADEME)

Le méthane est d'origine animale. Les bêtes que nous élevons pour leur viande et leur lait, principalement les bovins, en produisent pendant leur digestion. C'est ce qu'on appelle la fermentation entérique. L'utilisation des excréments comme fumier émet lui aussi du méthane par fermentation bactérienne. Or, le méthane est 30 fois plus puissant que le CO_2 en termes d'effet de serre.

Le protoxyde d'azote vient des engrais minéraux ou « azotés » répandus dans les champs pour stimuler la croissance des plantes, notamment celle des végétaux destinés à nourrir les animaux d'élevage.

Notre alimentation n'est néanmoins pas exempte d'émissions de CO_2 **(fig. 19)** :

- En amont de l'élevage, du fait du changement d'usage des sols pour satisfaire les besoins des bêtes à nourrir. À ce titre, l'écart entre l'importance de la viande rouge dans notre assiette (8 %) et son poids dans l'usage des sols (67 %) est criant. À l'échelle mondiale, l'agriculture est d'ailleurs la principale source de déforestation et pousse à convertir des zones forestières (qui sont de puissants puits de carbone) en zones agricoles.
- Au cours de la production agricole, par l'usage d'énergie fossile pour le fonctionnement des engins agricoles et le chauffage des bâtiments, dont les serres dans lesquelles sont cultivés certains fruits et légumes que nous trouvons souvent à contre-saison sur les étals de nos maraîchers.
- Puis, lors du transport des denrées produites. 40 % des fruits et légumes que nous consommons en France viennent de l'étranger et sont majoritairement transportés par bateaux et par camions.
- Enfin, pendant le cycle de transformation industrielle de certains aliments. Le processus de transformation, l'emballage et la réfrigération génèrent des émissions de CO_2 ainsi que des hydrofluorocarbures (HFC), qui ont un potentiel de réchauffement planétaire élevé.

Au-delà de son impact en termes de gaz à effet de serre, notre alimentation a des conséquences non négligeables sur d'autres éléments de l'environnement : le cycle de l'eau, la biodiversité, la déforestation et la pollution des sols.

Y a-t-il une spécificité parisienne dans l'empreinte carbone de notre alimentation ?

L'assiette des Parisiens est le deuxième poste d'émissions de gaz à effet de serre dans le bilan carbone de la Ville et pèse pour 3,9 millions de tonnes de CO2e dans son empreinte globale (22,7 millions de tonnes de CO_2e). Le régime alimentaire de la capitale se distingue notamment par un moindre apport de protéines d'origine animale et par l'importance des produits transformés.

Paris bénéficie d'une forte proximité avec les zones de culture céréalière et d'élevage qui couvrent une grande partie de son approvisionnement : 70 % des volumes consommés dans la capitale viennent de France, en particulier du Bassin parisien, des Hauts-de-France et de Normandie. Ce n'est malheureusement pas le cas des fruits et légumes, qui proviennent encore majoritairement de territoires étrangers, voire d'autres continents.

Fig. 19. Le coût en carbone de différents repas en CO_2e.
(Source : Les Cactus, ADEME)

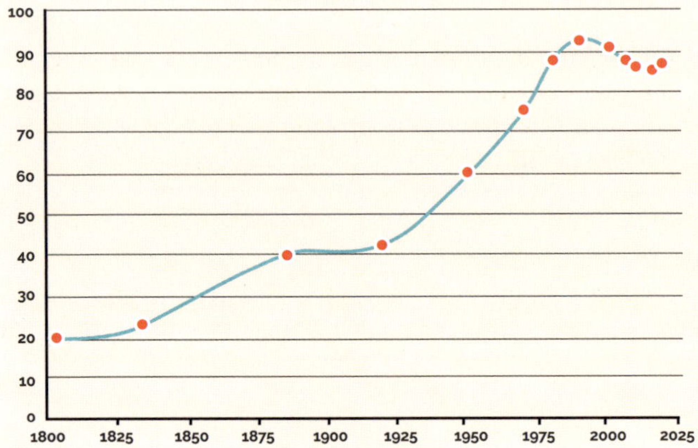

Fig. 20. L'évolution de la consommation annuelle de viande en France (en kg et par habitant).
(Source : Les Greniers d'abondance)

Dans ce contexte, comment réduire l'impact environnemental de son alimentation ?

Végétaliser son régime alimentaire

L'élevage représente environ 15 % des émissions mondiales de gaz à effet de serre liées aux activités humaines[20]. Dans son sixième rapport, le GIEC mentionne sans détour que « toutes les études concluent que les régimes comprenant une moindre part de produits animaux (viande, œufs, laitages) sont moins émetteurs de gaz à effet de serre et moins consommateurs de terres[21] ». Arrêter de manger de la viande représenterait 40 % de la baisse maximale de CO_2 possible d'atteindre en changeant nos comportements individuels[22].

Comme notre consommation de viande a doublé depuis les années 1950, réduire la part carnée de notre alimentation, c'est finalement revenir au régime alimentaire de nos grands-parents **(fig. 20)**. Et sans aller jusqu'à devenir vegan

20. Food and Agriculture Organization of the United States, 2013.
21. Troisième et dernière partie du sixième rapport d'évaluation du GIEC publié en avril 2022.
22. « Faire sa part ? », Carbone 4, juin 2019.

ou végétarien, diminuer sa consommation de viande de moitié permet de réduire son empreinte carbone de 690 kilos de CO_2e par an, sans porter atteinte à la qualité nutritionnelle de son alimentation[23].

Les Français consomment 45 % de protéines en trop, d'après les études de l'Agence nationale de sécurité sanitaire alimentaire. Comme les deux tiers proviendraient des animaux, réduire sa consommation de viande aurait des effets bénéfiques pour la santé. Par ailleurs, chacun trouvera un avantage financier à la végétalisation de son panier de courses.

Concrètement, cela veut dire :

- **réduire les portions carnées, en nombre et en quantité, en commençant par le bœuf, qui est le plus émissif (fig. 21),**
- **remplacer la viande par des légumineuses et des céréales pour ne pas diminuer l'apport en protéines et en minéraux,**
- **privilégier la cuisine végétale qui trouve sa place dans les menus des restaurants parisiens, au-delà des établissements asiatiques ou indiens, sous l'égide d'une nouvelle génération de chefs engagés.**

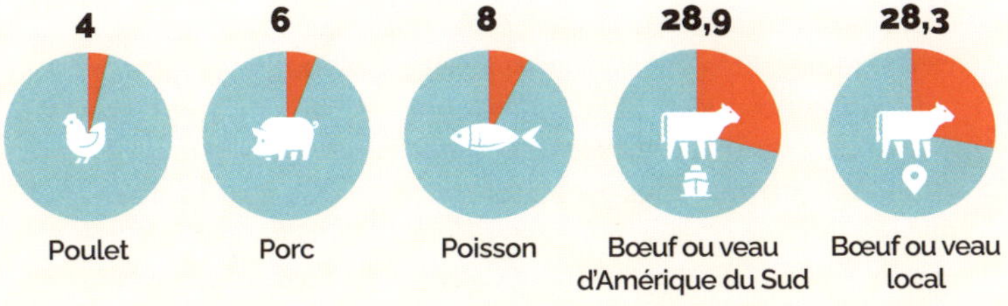

Fig. 21. Le bilan carbone de différents aliments (en kg CO_2e par kg d'aliments). (Source : ADEME)

23. « Réduire sa consommation de viande », Nos gestes climat.

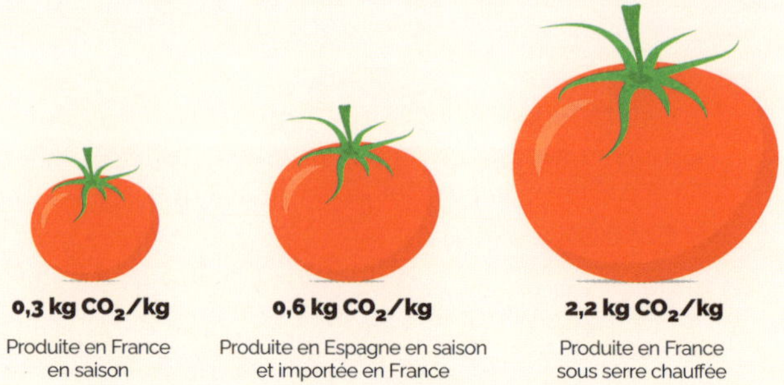

Fig. 22. Le bilan carbone d'une tomate fraîche.
(Source : Bioaddict)

Manger local et de saison

Entre un avocat du Pérou et l'entrecôte d'un éleveur limousin, la nature du produit consommé a toujours plus d'importance que son origine. Le lieu d'origine de l'aliment ne sera déterminant que si le transport est responsable d'une grande partie de son empreinte carbone finale. Or, pour la plupart des aliments, les émissions imputables au transport ne représentent qu'une part marginale du bilan d'ensemble. Pour autant, manger local limite l'impact CO_2 du transport entre le champ et l'assiette. C'est pourquoi il est utile de privilégier des circuits d'approvisionnement courts comme de réduire notre consommation de produits exotiques parcourant des milliers de kilomètres (parfois en avion), avant d'arriver sur notre table. Au-delà des considérations environnementales, faire le choix de consommer local, c'est privilégier des acteurs économiques du territoire.

Le respect des saisons compte semblablement dans le bilan alimentaire **(fig. 22)**. Si nous consommons une tomate en plein hiver, c'est qu'elle a été cultivée sous une serre chauffée vorace en énergie et émettrice de CO_2, ou produite dans un pays au climat différent du nôtre et transportée sur une longue distance en utilisant des énergies fossiles. Le raisonnement s'applique de la même façon aux fraises, voire aux fromages et à certaines viandes. À nouveau, il faudrait revenir au régime alimentaire de nos grands-parents, qui ne songeaient pas à déguster des fruits rouges en décembre.

Concrètement, cela veut dire :

- se doter d'un calendrier des saisons pour réapprendre à choisir ses fruits et légumes sur les étals,
- lire les étiquettes et se renseigner sur l'origine des aliments que l'on consomme, sur leur mode de transport, y compris dans le cas d'aliments transformés,
- privilégier les productions animales ou végétales proches de chez soi et réduire sa consommation de produits exotiques, dont certains sont pourtant très ancrés dans nos habitudes comme le chocolat ou le café,
- s'approvisionner par les circuits courts de distribution disponibles dans son quartier, comme une AMAP, la Ruche qui dit oui !, ou toute nouvelle enseigne reliant directement le producteur au consommateur,
- cultiver son propre potager ou rejoindre un jardin partagé dans son quartier quand cela est possible.

Réduire le gaspillage alimentaire

On estime qu'un tiers de la nourriture produite dans le monde est jetée ou perdue. En France, ce sont 10 millions de tonnes d'aliments consommables qui partent chaque année à la poubelle, dont un tiers relèvent de notre responsabilité individuelle **(fig. 23)**. Ainsi, chaque Français jetterait 30 kilos d'aliments consommables par an, dont sept encore emballés[24]. Paris ne fait pas exception à ce triste bilan et la mairie a fait de la lutte contre le gaspillage alimentaire une priorité de son plan climat.

24. « Une alimentation plus durable en 10 questions », ADEME, 2024.

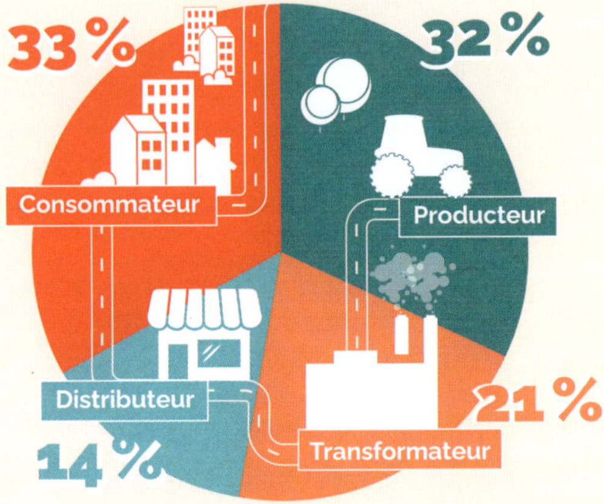

Fig. 23. L'origine du gaspillage alimentaire (en %).
(Source : ADEME)

Ce gaspillage représente autant de terres agricoles occupées et d'eau utilisée en vain. Au-delà de cet usage inadéquat de nos ressources naturelles, ces aliments qui finissent à la poubelle ont aussi occasionné des émissions de gaz à effet de serre à chaque étape de la chaine d'approvisionnement. L'ADEME chiffre l'impact environnemental de ce gaspillage à 3,9 millions de tonnes équivalent CO_2e, soient 3 % des émissions nationales[25].

Au-delà du gain financier, chiffré à environ 400 euros par an pour un foyer de quatre personnes, réduire le gaspillage alimentaire est un levier efficace de réduction de notre empreinte carbone individuelle.

25. Étude « Pertes et gaspillages alimentaires : état des lieux et leur gestion par étapes de la chaîne alimentaire », ADEME, mai 2016.

Concrètement, cela veut dire :

- **planifier ses repas à l'avance et dresser une liste de courses pour ne rien acheter en trop,**
- **acheter juste ce qu'il faut en recourant par exemple aux achats en vrac,**
- **acheter des « légumes moches » et autres produits sauvés du gaspillage,**
- **veiller à la bonne conservation des aliments que l'on a achetés,**
- **cuisiner les justes quantités et apprendre à accommoder les restes,**
- **au restaurant, demander à emporter ce qui n'a pas été consommé.**

D'autres pistes pour aller plus loin

Réduire la part carnée dans ses repas, manger local et de saison et réduire son gaspillage alimentaire sont les mesures les plus efficaces pour maîtriser le bilan carbone de son alimentation. Mais il est possible de pousser plus avant l'exercice :

- en limitant les emballages alimentaires qui sont responsables de 8 % de l'empreinte carbone des produits alimentaires,
- en diminuant sa consommation de boissons en bouteille, notamment l'eau, qui a une empreinte 2 000 fois inférieure quand elle est consommée au robinet,
- en compostant ses déchets organiques pour réduire les émissions de gaz à effet de serre liées à leur incinération ou à leur décomposition, fortement émettrices de méthane.

Apprendre à cuisiner végétal

Comment composer un repas sans viande au menu ? Quelles protéines apporter pour un repas équilibré ? Comment mettre les légumes en valeur ? Passer à une alimentation plus végétale demande à chacun de détricoter ses habitudes culinaires, mélange subtil de traditions familiales et de modes gastronomiques successives. Une occasion de retourner sur les bancs de l'école pour quelques heures ou quelques jours afin de faire ses gammes. Voici quelques adresses pour mieux négocier le tournant.

Cook Me Green

cookmegreen.com

Après une quinzaine d'années passées dans l'univers du cinéma, France Franco a voulu concilier ses deux passions : la cuisine et la science ayurvédique. Privilégiant les ateliers à domicile, qu'elle construit sur mesure, elle se donne pour mission de transmettre au plus grand nombre une cuisine saine, joyeuse et créative, principalement à base d'ingrédients végétaux. Avec toujours des bons conseils sur l'utilisation de produits non transformés et le moins de gaspillage possible, France propose aussi des stages au vert, le temps d'un week-end.

42 Degrés

109, rue du Faubourg-Poissonnière, 9e

42degres.com

« Jusqu'à 42 °C, il n'y a pas de cuisson et on conserve tous les bénéfices des aliments. » Emil et Fabien ont créé en 2013 le premier établissement crudivore de France. Ils y proposent une cuisine gastronomique, vegan, sans gluten ni sucres ajoutés et pourtant pleine de saveurs. Ils transmettent cette manière de penser la cuisine via des ateliers thématiques organisés dans le restaurant. On y apprend ainsi à fabriquer du *frawmage* végétal avec des crackers d'accompagnement, ou du « faux gras » qui fera parfaitement illusion à Noël prochain...

Atelier Cordon Vert, par Le Cordon Bleu

13-15, rue de Javel, 15e

cordonbleu.edu

Depuis plus de cent vingt-cinq ans, cette institution forme des professionnels et amateurs aux secrets de la gastronomie française. Pour répondre à la demande grandissante de repas végétalisés, les équipes du Cordon Bleu ont créé un atelier spécifique. Le programme permet d'apprendre à réaliser une entrée et un plat végétariens. Les recettes sont raffinées et offrent l'occasion de développer sa technique. Les participants, encadrés par des chefs émérites, y apprennent par exemple à maîtriser la cuisson de l'œuf parfait ou à faire un capuccino de légumes.

Mûre

6, rue Saint-Marc, 2e
53, rue du Faubourg-Poissonnière, 9e
37, rue La Fayette, 9e
Ouvert uniquement au déjeuner
De 15 à 20 €
mure.family

De la ferme à l'assiette • À deux pas de la place de la Bourse, une file de jeunes cadres patientent devant une jolie devanture blanche. Ici, on débite 300 repas par jour, sur place ou à emporter, jusqu'à épuisement des stocks. Inspiré par le concept américain de *farm to table*, Arnaud, ancien cadre dans le luxe, a ouvert ce restaurant en 2014. La proposition de Mûre repose sur le principe simple et innovant de cuisiner ce qui sort de sa propre ferme agro-écologique, située en Seine-et-Marne. Ce qui n'y est pas produit est acheté en circuit court, en cohérence avec le souhait de rendre l'alimentation accessible et durable. Le résultat, c'est une carte fraîche et goûteuse qui change tous les jours et fait la part belle au végétal, sans être pour autant exclusivement végétarienne. Salades, soupes gourmandes, pizzas généreuses, quiches... la cantine est alléchante et pratique des prix très raisonnables. Sourire de l'équipe en prime !

Bonnard Marais

18, rue des Gravilliers, 3e
Tél. 01 45 31 89 60
De 40 à 50 €
bonnard-marais.com

C'est bon, c'est beau, c'est veggie • Devanture bleu canard, pierres apparentes, tables en chêne clair, banquettes en cuir et courte sélection de vins en biodynamie : Bonnard a repris les codes du bistrot intimiste parisien tel qu'on les connaît. Peut-être une manière de sortir des clichés pour mieux nous convaincre que manger végétal n'est plus une option farfelue mais une tendance de fond. L'équipe concentre sa proposition sur une courte carte de trois entrées, trois plats et trois desserts, ainsi qu'un menu dégustation. La cuisine, à base d'ingrédients en circuit court, de saison et peu transformés, réinvente sans les chambouler les codes de la bistronomie en proposant des plats aussi beaux à voir que bons à déguster.

Faubourg Daimant

20, rue du Faubourg-Poissonnière, 10e
De 40 à 50 €
daimant.co

Faubourg dément • À peine poussés les lourds rideaux de l'entrée et quittée la torpeur des grands boulevards, s'offre à notre regard une élégante salle où le bois sombre contraste avec les nappes blanches, sur fond de lumières tamisées. L'équipe s'affaire en cuisine. Le petit bar situé à l'étage propose une sélection de cocktails avec ou sans alcool : des verres colorés, savoureux et végétaux qui permettent de patienter avant de passer à table. La découverte de la carte de ce Faubourg Daimant nous fait oublier instantanément nos désirs carnés en déployant son menu végétal. Elle a été pensée par Alice Tuyet après un premier essai réussi dans la *street food* végétale (Plan D, dans le 10e). On constate que ses promesses sont pleinement tenues lorsque sont servis un chou farci et son jus gourmand, des boulettes bourguignonnes et une purée poudrée aux herbes. Une fine sélection de vins nature accompagne à merveille ces petites et grandes assiettes à partager dans une ambiance sympathique. Ne pas commettre l'erreur de partir sans s'être régalé d'un dessert, notamment le fameux cookie de partage à la crème de popcorn et caramel miso.

Les Tontons Veg

9, rue de Lancry, 10e
8, rue de Paradis, 10e
De 10 à 15 €
Instagram : @lestontonsveg

Veggie et juicy • On peut faire des efforts pour végétaliser son alimentation et améliorer le sort de la planète sans pour autant abandonner le plaisir d'un burger bien juteux. C'était la conviction d'Amir et de Vincent quand ils lancèrent Les Tontons Veg, quitte à bousculer les certitudes de beaucoup d'aficionados du steak saignant. Le duo s'est appuyé notamment sur les produits de Beyond Meat, qui offrent une alternative convaincante au steak haché. Le résultat est stupéfiant. Au-delà de la texture du simili-steak de bœuf, l'équipe a élaboré de très savoureuses recettes en soignant les sauces et les *sides* : on oublie vite que l'on est devenu végétarien ! Le seitan pané remplace pour sa part avantageusement le poulet et s'associe avec des ingrédients d'inspiration asiatique qui en font un best-seller. Les accompagnements n'ont pas à rougir non plus, tant les frites traditionnelles que les légumes sautés de saison. Service de vente à emporter disponible, idéal pour une dégustation sur les rives du canal.

Hoba

Parc Martin-Luther-King
44, rue Bernard-Buffet, 17e
De 15 à 20 €
hoba.paris

Veggie fusion • C'est dans le parc Martin-Luther-King, qui gagne lui-même à être connu pour sa conception écoresponsable et son verger, que l'équipe du Hasard Ludique (18e) a créé un nouveau lieu dédié à l'alimentation durable. Hoba, pour le haut et le bas, c'est à la fois une offre de programmation et de restauration. En HO, un *food court* et son immense terrasse accueillent du printemps à l'automne cinq restaurateurs en résidence. Sélectionnés pour leurs talents culinaires et leurs ambitions environnementales, ils proposent une cuisine d'inspiration *street food* à tendance végétale. En BA, l'ancienne forge du XIXe siècle offre de se restaurer dans une ambiance plus calme et d'assister aux événements programmés comme un atelier 2tonnes, un spectacle du Greenwashing Comedy Club ou un cours de cuisine végétale. L'équipe s'efforce de faire de ce lieu une « éco-table » exemplaire, plafonnant le poids de chaque plat à 2,2 kilos de CO_2e (à comparer à une moyenne ordinaire de cinq kilos) et veillant à transformer les déchets alimentaires du restaurant en compost.

Sezono

13, rue Jacques-Louvel-Tessier, 10e
Tél. 09 84 31 22 68
De 20 à 30 €
sezono.fr

Un restaurant mais pas seulement • Ouvert entre deux confinements par Ai Loan Dupuis, formée à l'école Ferrandi, et son compagnon, Hakim El Bour, Sezono veut être un projet global qui marie gastronomie et écologie. Proposant une cuisine légumière, ultra locale, bio, de saison et zéro déchet, le menu décline petites et grandes assiettes, plus gourmandes les unes que les autres avec un délicieux « locamole » (cousin local du guacamole), des frites de panisse au paprika fumé ou une focaccia garnie à la tome et d'une compotée de chou rouge. Mention spéciale pour le kebab de pleurotes rôties avec sa sauce blanche et ses pickles susceptible de convaincre les plus réfractaires. Le tout s'arrose de vin nature, de bière micro-brassée de chez Deck & Donahue, ou d'un délicieux mocktail selon les goûts. La cuisine est créative, poétique et transparente quant à l'origine des ingrédients. À côté de cette offre de restauration, Sezono est aussi un point de vente de paniers de fruits et légumes bio provenant d'Île-de-France, ainsi qu'un service de traiteur.

Des assiettes veggie

De plus en plus de chefs prennent l'initiative de végétaliser leur assiette. Sans compter les restaurants asiatiques ou indiens, notamment, dont la tradition culinaire compte déjà beaucoup de plats végétariens. Quelques adresses supplémentaires à explorer…

Pristine

8, rue de Maubeuge, 9e • De 20 à 40 €
pristineparis.com

Inauguré en 2023 par Michelle et Jérémy, qui n'en sont pas à leur coup d'essai, le restaurant propose une cuisine élégante et responsable mettant à l'honneur les végétaux et produits locaux. Le mobilier de seconde main reflète l'engagement des fondateurs pour la durabilité. Pas de gaspillage en cuisine, l'entièreté des produits achetés étant utilisée, jusqu'aux épluchures parfumant les bouillons.

Sapid

54, rue de Paradis, 10e • De 20 à 40 €
sapid.fr

Sapid est né de la volonté d'Alain Ducasse et de Romain Meder de proposer une cuisine accessible, responsable et conviviale qui mette en avant des produits de saison. Dans ce « réfectoire » joliment décoré de planches botaniques, l'équipe présente une carte de végétaux et de produits de la mer. Les prix sont doux, l'atmosphère aussi.

Aube

8, rue de la Main-d'Or, 11e
De 20 à 30 €

Ici, on peut bruncher du mardi au samedi et jusqu'à 16 heures. Sous la houlette de Carrie Solomon, autrice de nombreux livres de cuisine végétarienne, ce joli restaurant décoré de meubles vintage offre de déguster de radieuses salades et de belles tartines arrosées de kombucha ou d'un mocktail joyeux.

Bloom

61, rue des Dames, 17e • De 40 à 50 €
bloomsushi.fr

Quand un chef mexicain venu du Canada s'installe à Paris et y réinvente la cuisine japonaise en la végétalisant, cela donne... Bloom. Belle gamme de sushis botaniques préservant les ressources marines tout en respectant l'esprit de ce plat japonais.

Persil

120, rue Amelot, 11e • De 40 à 60 €
persil-restaurant.com

Dans un petit cocon au décor brut vous attend une cuisine pesco-végétarienne à base de produits de saison. Puisant son inspiration aux quatre coins du monde, la cheffe offre une carte aux allures de carnet de voyage. Et elle emporte définitivement le morceau avec ses incroyables élixirs de plantes !

Datil

13, rue des Gravilliers, 3e • De 60 à 120 €
datil-restaurant.fr

À quelques numéros de Bonnard, Manon Fleury et sa brigade très féminisée ont pris possession d'un restaurant élégant et tout en longueur. Ici, c'est le règne du végétal, du circuit court, du zéro déchet. Table étoilée au Michelin. Si l'on y trouve aussi quelques touches de protéines animales, les plats sont toujours disponibles en version végétarienne.

La Trockette

125, rue du Chemin-Vert, 11e
De 10 à 20 €
Facebook : La Trockette Café-Atelier

Ce café-atelier de la Petite Rockette, ressourcerie solidaire bien établie, propose une sélection de plats végétariens à prix très doux et dans une ambiance cool. Le café est aussi un lieu de vie ouvert à de nombreuses initiatives (Fresque du climat, atelier 2tonnes, voir pages 25 à 27...).

Tekés

4 bis, rue Saint-Sauveur, 2e
De 35 à 50 €
tekesrestaurant.com

En hébreu, *Tekés* veut dire « cérémonie », et ici c'est autour du végétal qu'elle se déroule. Les plats d'inspiration méditerranéenne raviront les aficionados d'Ottolenghi. Délicieux cocktails herbacés.

Au four et au moulin

Musée de Montmartre
12, rue Cortot, 18e
aufouraumoulin.com

Retour à la terre • Après avoir elle-même pratiqué la culture sur balcon, Jessica offre son savoir-faire à ses semblables lors d'ateliers qu'elle anime dans les jardins Renoir du musée de Montmartre. Derrière la plus vieille maison de la Butte, un verger et un potager lui prêtent leur cadre enchanteur pour une mise en pratique concrète. Durant deux heures, les participants apprennent les bases de la culture sur terrasse ou balcon. Quelles plantes potagères seront les mieux adaptées ? Quelle exposition privilégier ? Comment faire des semis ?... Pour les plus chevronnés, Jessica propose d'autres ateliers consacrés au bouturage ou à la multiplication des plantes. Autant de belles occasions de mettre les mains dans la terre dans un lieu exceptionnel, loin, très loin, du brouhaha urbain.

La Maison du Jardinage

Parc de Bercy
41, rue Paul-Belmondo, 12e
paris.fr

Paris et les pouces verts • Cachée dans le parc de Bercy, cette vénérable maison héberge un pôle dédié au végétal. Trois expositions permanentes délivrent le b.a.-ba du jardinage urbain et détaillent les gestes essentiels du jardinier. Ce dispositif a été mis en place par la mairie pour offrir aux Parisiens de se réapproprier l'espace public en le cultivant. Fleurir le pied d'un arbre ou entretenir une plate-bande, c'est possible à condition d'être le fait d'un collectif ayant déposé un dossier et obtenu son permis de végétaliser. On trouve ici une bibliothèque et une grainothèque où il est loisible d'échanger ses graines contre celles d'autres. À l'extérieur, un potager pédagogique s'offre aux expérimentations. Des ateliers y sont régulièrement organisés.

Rejoindre un jardin partagé

Les jardins du Ruisseau
110 bis, rue du Ruisseau, 18ᵉ
lesjardinsduruisseau.fr

Le jardin de l'Aqueduc
2, rue de l'Empereur-Valentinien, 14ᵉ
jardin-aqueduc.fr

Le jardin de la Cité Aubry
2, cité Aubry, 20ᵉ
Facebook : Le jardin Cité Aubry

Les autres adresses à retrouver sur le site **paris.fr**

La capitale compterait 180 jardins partagés. Et les initiatives particulières et associatives se multiplient pour convertir le territoire parisien en un lieu de vie et de partage. Du potager entretenu dans un jardin public à l'installation de bacs de culture, les jardins partagés prennent différentes formes mais partagent la même poésie et le même sens de la débrouille. Un jardin partagé, c'est avant tout un jardin de proximité, un terrain confié par la Ville à une association qui se charge de le cultiver et d'y organiser des actions de sensibilisation du grand public. Certains sont au cœur même de Paris, comme le jardin partagé du clos des Blancs-Manteaux ou le surprenant « jardin aux habitant.es », en contrebas du palais de Tokyo. D'autres nichent dans des coins plus secrets, tels « le jardin de l'Aqueduc » (13ᵉ) ou « les jardins du Ruisseau » (18ᵉ). Pour rejoindre soi-même un jardin partagé, il convient de se rapprocher de la mairie de son arrondissement puis de postuler auprès de l'association en charge du lopin qu'on aura choisi. Les listes d'attente sont fréquentes… mais rien n'interdit de participer aux animations proposées régulièrement dans ces mêmes jardins.

La Ruche qui dit oui !

Inscriptions et lieux de collecte sur laruchequiditoui.fr

S'approvisionner en circuit court • Start-up de l'économie sociale et solidaire, « la Ruche », s'est donné pour mission de promouvoir un système alimentaire juste, en mettant en relation des petits producteurs avec des consommateurs regroupés dans un rayon de 70 kilomètres autour d'un point de collecte. Moins de quinze ans après son lancement, 1 000 ruches bourdonnent en France et aussi en Italie, en Espagne, en Allemagne, en Suisse, au Benelux. Plutôt que d'aller sur le site Internet de son supermarché préféré, le client se connecte à la plateforme de la Ruche, identifie celle qui est la plus proche de son domicile et se voit ouvrir le catalogue des produits disponibles : fruits, légumes, viandes et laitages, voire biscuits, tisanes ou même vins pour certaines adresses. Le producteur fixe son prix de manière indépendante et perçoit directement 80 % du montant des ventes. Il est généralement présent au point de collecte, ce qui permet l'échange avec ses clients.

AMAP Île-de-France

Inscriptions et lieux de collecte sur amap-idf.org

Le bonheur est dans le pré • Solidarité, transparence, juste prix… Ces quelques mots résument la mission des Associations pour le maintien d'une agriculture paysanne (AMAP). L'initiative en a été prise au Japon, dans les années 1960, par des consommateurs soucieux de la qualité de leur alimentation et qui ont voulu s'approvisionner directement chez des agriculteurs triés sur le volet. Depuis plus de vingt ans, l'AMAP se développe en France, et notamment en Île-de-France, en nouant des engagements réciproques entre consommateurs et paysans : les premiers préfinancent six mois à un an de récolte, tandis que les seconds assurent la livraison de leur production chaque semaine. « L'Amapien » bénéficie ainsi de produits frais et de saison, cultivés en minimisant l'usage de pesticides et de produits chimiques, et montre son attachement à une agriculture durable. L'agriculteur voit son activité largement sécurisée. Les AMAP regroupent souvent plusieurs producteurs pour offrir un éventail de produits plus large.

Champignonnière des Carrières

Rue des Carrières, 78227 Évecquemont
Tél. 06 09 06 21 52
Facebook : Champignonniere Des Carrieres

Pour vivre heureux, cultivons cachés • Ces anciennes carrières de gypse accueillent depuis 1936 des champignonnistes. Angel Moioli y fait prospérer aujourd'hui toutes sortes de variétés : champignons de Paris blancs et blonds, pleurotes grises et jaunes, shiitake, pieds bleus et autres pholiotes des peupliers. Il propose sa production en vente directe deux demi-journées par semaine, via des distributeurs locaux ou certaines AMAP d'Île-de-France. Le lieu est spectaculaire et se visite à l'occasion des Journées du patrimoine ou de la Semaine du goût, voire à la demande d'un groupe intéressé par cette culture ancestrale. La champignonnière est une halte sympathique avant une randonnée dans le Vexin voisin ou sur le GR 1 ; sa seule présence nous rappelle que le Bassin parisien est fournisseur d'une grande partie de l'alimentation la capitale.

Cueillette de Compans

23, rue de l'Église, 77290 Compans
cueillettedecompans.fr

Cueillette bio et anti-gaspi • Le réseau Chapeau de Paille fédère de longue date arboriculteurs et maraîchers candidats à la création d'espaces de récolte par le consommateur. Il compte dix fermes ouvertes à la cueillette en région parisienne, dont la plus célèbre est sans doute la ferme de Gally. La ferme de Compans, fondée dans les années 1980 par Hubert et Isabelle Riché non loin de Roissy, a rapidement rejoint le réseau. Elle a la particularité d'être accessible en transports en commun depuis Paris via le RER B ou la ligne K. D'avril à novembre, on y fait sa récolte parmi 150 variétés de fruits, de légumes et de fleurs. Muni de sa brouette et de ses barquettes, le cueilleur d'un jour arpente donc seul ou en famille les allées et fait son marché en pleine nature, une occasion comme une autre de se reconnecter au rythme des saisons et des cultures. Ici, les méthodes de production biologique sont pleinement intégrées et tout est fait pour lutter contre le gaspillage : les pommes et les poires sont pressées et transformées en jus, les tomates invendues finissent en coulis. Volailles, œufs et produits laitiers sont disponibles à la boutique attenante.

Les applis pour consommer plus intelligemment

Beaucoup de start-up se sont lancées ces dernières années à l'assaut du gaspillage alimentaire, aidant chacun à mieux gérer son garde-manger ou permettant aux producteurs et commerçants d'écouler leurs invendus au lieu de les détruire.

Bene Bono

Depuis 2020, Bene Bono propose aux agriculteurs ou aux fabricants de commercialiser les produits alimentaires qui seraient refusés par les circuits traditionnels pour des raisons esthétiques ou logistiques. La société propose ainsi une sélection de paniers hebdomadaires de différentes tailles, garnis de fruits et/ou de légumes, éventuellement de produits d'épicerie rejetés par les distributeurs traditionnels. À vous la surprenante découverte d'un radis géant ou d'une patate douce biscornue… et la satisfaction de sauver un produit parfaitement sain.

Too Good to Go

Tous les jours, plus de 100 000 commerçants jettent des aliments encore consommables. Too Good to Go leur vient en aide en proposant aux consommateurs d'acheter des paniers anti-gaspi composés par les détaillants. L'application géolocalise les points de vente (boulangerie, épicerie, hôtel, restaurant…) qui souhaitent liquider leurs invendus à

prix cassés, le client règle son panier dans l'appli et le récupère à l'horaire indiqué sur place.

Phenix

L'application Phenix fonctionne sur le même principe que Too Good to Go, proposant des paniers de produits bientôt périmés à récupérer directement chez le commerçant. Son réseau de partenaires ne recoupe pas celui de Too Good to Go et permet donc de couvrir l'ensemble de l'offre dans un même quartier.

Frigo Magic

Réduire le gaspillage alimentaire, c'est bien sûr acheter uniquement ce dont on a besoin mais surtout le consommer. Or, qui n'est jamais resté les bras ballants devant le contenu improbable d'un frigo ? Frigo Magic permet de régler la question en véritable moteur de recettes qu'il est. Une excellente façon de valoriser ses restes et de découvrir de nouvelles recettes.

Hop Hop Food

Cette application est née de la volonté de lutter contre le gaspillage alimentaire tout en se montrant solidaire. Il suffit de s'enregistrer sur l'appli pour proposer de donner telle ou telle nourriture, non périmée évidemment. L'application recense également les points de collecte alimentaire à proximité. Depuis sa création, elle a permis de sauver plusieurs tonnes de la destruction tout en fournissant des repas à ceux qui en avaient besoin.

Demain

133, rue Saint-Maur, 11e
Instagram : @demain_paris

Le magasin des pains perdus • Chez Demain, comme le nom ne l'indique pas, tous les produits sont de la veille. Un jour en plus mais moitié prix. C'est après avoir découvert que 5 à 10 % de la production journalière des boulangeries finissaient à la poubelle, soit pas moins de 150 000 tonnes de pain par an, que Martin et Adrien ont décidé de lancer leur collecte. S'appuyant sur un réseau de 16 boulangeries qui déposent leurs invendus dans un bac, Demain revend le jour suivant viennoiseries et pains de mie à prix cassés, luttant ainsi contre le gaspillage et offrant des solutions économiques. Difficile de savoir ce qu'on trouvera en boutique, évidemment, car tout dépend des invendus des boulangeries et de l'heure à laquelle on se présente. Pas de baguettes, en tous cas, qui passent difficilement la journée de trop ; elles sont plutôt transformées en croutons qui seront eux-mêmes revendus. Les pains au chocolat un peu ramollos sont pour leur part toastés pour retrouver du croustillant. Enfin, pour les articles qui ne trouvent définitivement pas leur destinataire, Les Alchimistes, réseau de collecte et de valorisation des déchets alimentaires des professionnels, prennent le relais.

NOUS anti-gaspi

86, rue d'Amsterdam, 9e
et autres adresses à Paris
et Boulogne-Billancourt
nousantigaspi.com

Bon, moche et pas cher • Sur les 10 millions de tonnes d'aliments gaspillés chaque année dans l'ensemble de la chaîne alimentaire, 53 % le sont avant même leur mise en rayon. Une part non négligeable correspond en effet à la mise à l'écart des produits aux emballages abîmés, des fruits et légumes non calibrés ou de tout ce qui affiche une date de péremption trop proche. Vincent et Charles ont pris le problème à bras le corps en fondant en 2018 les magasins NOUS anti-gaspi. Dans ces épiceries, on trouve précisément ces produits trop moches pour être vendus ailleurs. Le succès ne se fait pas attendre et leur offre rencontre vite un écho auprès de clients convaincus par l'intérêt environnemental de la démarche, mais aussi par le modèle économique qui permet de proposer des produits 30 % moins cher que dans la distribution classique. Les épiceries NOUS anti-gaspi sont aussi vertueuses en amont de la chaîne, puisqu'elles permettent à des petits producteurs d'écouler leurs stocks. Le réseau compte déjà dix boutiques en région parisienne et propose une gamme complète de produits alimentaires, d'hygiène et d'entretien. Le réseau a également créé sa propre marque.

Composter au marché

Point de collecte sur les principaux marchés couverts et découverts de Paris

Liste des marchés sur paris.fr, rubrique « Composter à Paris »

Rien ne se perd, tout se transforme • Depuis le 1er janvier 2024, la loi AGEC (anti-gaspillage et pour une économie circulaire) généralise le compostage, chaque Français devant disposer d'une solution pour ses biodéchets. C'est une bonne nouvelle, dans la mesure où 8 à 10 % des émissions de gaz à effet de serre proviennent des pertes et déchets alimentaires. Le compostage contribue directement à réduire nos émissions. Comment le pratiquer ? Depuis plusieurs années, la Ville s'est emparée du sujet et les solutions ne manquent pas, du composteur collectif en pied d'immeuble à la distribution de lombricomposteurs individuels, en passant par le bac de quartier géré par une association. Encore faut-il s'entendre avec ses voisins sur un projet commun ou avoir la place d'installer un composteur dans son appartement. Une des solutions les plus simples à mettre en œuvre consiste à déposer ses déchets alimentaires dans un marché de proximité ; la Ville a précisément installé des bacs dans plus d'une soixantaine d'entre eux. La présentation d'un justificatif de domicile permet de récupérer un seau et des sacs compostables à la mairie de son arrondissement, dans lesquels seront jetés les restes de

nourriture végétale ou animale, les sachets de thé, le marc de café ainsi que les mouchoirs, essuie-tout et boîtes d'œufs en carton... Il ne reste dès lors plus qu'à déposer son sac dans le bac du marché pour que ses déchets soient convertis en biogaz et en fertilisants. Un geste simple et concret pour contribuer à la transition.

À COMPOSTER

- **Épluchures de fruits et légumes (dont les agrumes)**
- **Restes alimentaires (sans sauce)**
- **Coquilles d'œuf (écrasées)**
- **Marc de café, thé (avec filtres et sachets)**
- **Coques et noyaux**
- **Essuie-tout alimentaire**
- **Plantes d'intérieurs (sans la terre et les racines coupées en morceaux)**
- **Feuilles mortes et résidus végétaux**
- **Fleurs fanées**

CE QUI EST DÉCONSEILLÉ

- **Les protéines animales (viande, poisson) : elles peuvent attirer les rongeurs et générer de mauvaises odeurs**
- **Les produits laitiers (notamment le fromage)**
- **Le pain**

Attention, dans les lombricomposteurs, les agrumes, l'ail et l'oignon sont à éviter.

Acheter en vrac

Impact carbone, recyclabilité, pollution des plastiques... Les emballages de nos produits alimentaires ont une incidence non négligeable sur l'environnement. Faire ses courses en vrac, c'est à la fois mieux maîtriser les quantités et donc limiter le gaspillage, mais aussi réduire l'empreinte carbone liée aux emballages. La plupart des chaînes de magasins bio proposent la formule. Voilà quelques adresses pour basculer doucement dans la vrac'titude...

Entre Pots

2, place de Moro-Giafferi, 14e
Facebook : Entre Pots

Cette épicerie fondée par Jean-Philippe et Janneke propose des produis bio, dont beaucoup en vrac, y compris les liquides (huile d'olive, vin...). Le tout dans une ambiance sympathique qui vaut au magasin d'attirer des clients de Malakoff ou de Montrouge, au-delà de sa zone de chalandise.

Day by Day

13 adresses en région parisienne
daybyday-shop.com

Ce réseau de magasins en vrac se positionne à la fois sur des prix « justes » et sur une empreinte environnementale réduite. Un service à distance est même proposé via l'application : il ne vous restera qu'à passer récupérer vos courses et, si besoin, les contenants consignés.

Kilogramme

10, rue de Meaux, 19e
epiceriekilogramme.com

On trouve chez Kilogramme, comme chez sa petite sœur Gramme (20e), des produits frais (fruits, légumes, laitages...), des produits secs en vrac, des produits d'entretien, des cosmétiques et des accessoires. Équipe féminine et engagée.

Les Volontaires du Vrac

226, rue de Vaugirard, 15e
lesvolontairesduvrac.com

Cette épicerie propose à peu près tout et avec le sourire ! Au-delà des rayons de fruits et légumes et du sec en vrac, on note un bel étal de fromages, un joli assortiment de plats cuisinés et la possibilité de s'abonner à un panier de poissonnerie en circuit court.

Le Bocal

80, rue Claude-Decaen, 12e
Facebook : Le Bocal Paris

Cette épicerie et droguerie écologique propose une sélection de fruits et légumes bio, des aliments secs en vrac ainsi qu'une jolie sélection d'huiles d'olive et autres délices.

Toutbon

120, rue des Pyrénées, 20e
toutbon.bio

Toutbon, c'est un magasin de quartier indépendant et engagé qui permet de faire ses courses du quotidien avec une offre de vrac parmi les plus larges de la capitale. Nombreux accessoires zéro déchet pour ceux qui souhaiteraient s'engager durablement dans la démarche.

S'équiper

La possession est-elle un indicateur du bonheur contemporain ? On n'a pas fini d'en parler… Ce qui est certain, c'est que la consommation des Français ne cesse d'augmenter depuis un demi-siècle, à raison d'environ 1,9 % par an[26].

26. « Évolution de la dépense et du pouvoir d'achat des ménages - Données annuelles de 1960 à 2022 », Insee, mai 2023.

Comment nos achats impactent-ils notre empreinte carbone ?

Derrière chaque euro dépensé se cache son équivalent d'émissions de gaz à effet de serre. Passés les premiers postes de dépenses que sont le logement, le transport et l'alimentation, nos autres achats de biens et services représentent encore plus de 1,6 tonne de CO_2e par an à l'échelle d'un individu. On note que ce chiffre est assez proche en valeur absolue de la cible individuelle des deux tonnes d'émissions de GES, toutes sources confondues, à l'horizon 2050.

Ce qui fait la particularité des émissions produites dans cette catégorie, à la différence de nos déplacements ou de notre mode de chauffage, c'est avant tout qu'elles sont invisibles, dans la mesure où elles sont générées lors de la fabrication et du transport et non au moment de l'usage. Pour autant, elles existent. Selon l'ADEME, un foyer français possèderait environs 2,5 tonnes d'équipements dont la fabrication a généré l'émission de six tonnes de CO_2e, soit l'équivalent de six allers-retours en avion Paris-New York[27]. Sans parler de la quantité de matières premières mobilisées pour produire ces biens, soit environ 45 tonnes, toujours selon l'ADEME.

Enfin, beaucoup de ces biens sont importés depuis des zones géographiques où les normes environnementales sont moins contraignantes qu'en Europe et où ils sont fabriqués grâce à l'utilisation d'énergies fossiles. À titre d'exemple, en 2022, la Chine a produit plus de 65 % de son électricité avec des énergies fossiles, dont 62 % avec du charbon[28]. Ce mix énergétique se répercute immédiatement dans l'empreinte carbone des biens destinés à l'exportation.

27. « Modélisation et évaluation des impacts environnementaux de produits de consommation et biens d'équipement », ADEME, septembre 2018.
28. *Statistical Review of World Energy 2022*, BP, juin 2022.

Téléviseur

pour **25 kg**

2,5 t
de matières mobilisées

Un aller-retour en avion
Paris-Nice

Réfrigérateur + congélateur

pour **56 kg**

1,75 t
de matières mobilisées

Un aller-retour en avion
Paris-Marseille

Garde-robe (avec chaussures)

pour **50 kg**

2,5 t
de matières mobilisées

Un aller-retour en avion
Paris-Montréal

Lave-linge

pour **79 kg**

2,1 t
de matières mobilisées

Un aller-retour en avion
Paris-Toulouse

Fig. 24. La face cachée des équipements par volume de matière première mobilisée et CO_2e.
(Source : ADEME)

De quoi se compose l'empreinte carbone de nos équipements ?

Parmi tous les achats que recouvre la catégorie, quatre postes pèsent plus que les autres dans notre bilan carbone individuel **(fig. 24)**.

Nos achats pour la maison

Le marché des équipements pour la maison croît encore plus vite que nos autres achats, notamment depuis la crise sanitaire qui a été suivie d'un réinvestissement de nos espaces de vie. On change désormais d'accessoires de décoration comme de vêtements. L'impact de cette catégorie est d'autant plus important que nous sous-estimons fortement notre taux d'équipement. Lors d'une étude menée sur le niveau d'équipements électriques et électroniques des Français en 2016, les ménages interrogés estimaient posséder en moyenne 34 appareils à la maison. La réalité, c'est que l'équipement moyen avoisine les 99 objets par foyer, dont six ne sont jamais utilisés[29] ! Parmi cette centaine d'objets, 85 % sont arrivés neufs dans le foyer. Rappelons que c'est avant de rejoindre notre salon ou notre cuisine que l'appareil occasionne la majeure partie des émissions de CO_2e. Le bien que l'on achète n'est finalement que la partie émergée de l'iceberg : il faut par exemple excaver plusieurs tonnes de terre pour extraire les quelques kilos de fer ou l'aluminium utiles à la fabrication de notre lave-vaisselle ou de notre réfrigérateur. De la même manière, il faut chaque année 20 millions de mètres cubes de bois – environ 1 % de la ressource mondiale du matériau[30] – pour satisfaire les besoins du géant suédois du meuble en kit.

Nos achats en équipements de loisirs

Nos loisirs, et notamment notre pratique du sport, ne s'accordent malheureusement pas encore idéalement avec l'écologie. À ce jour, la France est le quatrième pays au monde et le premier en Europe à consommer des articles de sports et de loisirs. Or, ceux-ci ont un impact sur le climat et sur la planète en général, du fait de leur composition (beaucoup de matières plastiques et synthétiques), de leur origine (très peu sont fabriqués en France) et de l'utilisation d'autres ressources naturelles au moment de leur fabrication. En outre, leur taux de renouvellement est sans rapport avec leur taux de recyclage. Beaucoup de ces accessoires, jouets et tenues finissent en déchets, produisant à nouveau des gaz à effet de serre en fin de vie.

À titre d'exemple, notons qu'une chaussure de sport a une empreinte carbone d'environ 15 kilos de CO2e sur l'ensemble de son cycle de vie, soit l'équivalent de dix-sept jours

29. Étude IPSOS pour ECOLOGIC 2016.
30. *Ikea, le seigneur des forêts*, Arte, 2024.

d'éclairage non-stop ou de 180 kilomètres en voiture, dont plus de 90 % ont été émis avant d'arriver dans notre placard[31].

Enfin, au-delà de nos achats d'équipements et malgré les efforts des fédérations et des organisateurs d'événements, la pratique des loisirs est encore fréquemment associée à des objets à usage unique, ne seraient-ce que les bouteilles d'eau et les gobelets distribués pendant les manifestations qui représentent un important volume de nos déchets.

Nos achats d'équipements électroniques

Le numérique est de plus en plus présent dans nos vies. Depuis vingt ans, la digitalisation nous a conduits à dématérialiser nombre de nos usages. Mais derrière la magie du virtuel se cache une forêt d'équipements, de câbles, de data centers et de déchets qui ont conduit le secteur à représenter aujourd'hui 3 à 4 % des émissions de gaz à effet de serre dans le monde et 2,5 % de l'empreinte carbone nationale..., soit autant que les émissions du secteur aérien ! Pour donner une image plus parlante, si Internet était un pays, il serait le troisième consommateur d'énergie au monde, derrière la Chine et les États-Unis. D'ici à 2040, sans action forte pour limiter la croissance de nos usages du numérique, l'empreinte carbone de celui-ci pourrait encore augmenter de 60 % pour atteindre 6,7 % des émissions nationales.

Que se cache-t-il derrière nos écrans ? D'après une étude récente menée conjointement par l'Arcep et l'ADEME, 79 % de l'empreinte carbone du numérique proviennent de nos équipements eux-mêmes (télévisions, téléphones, ordinateurs) contre 16 % pour les centres de données (*data centers*) et 5 % les réseaux[32]. Et bien que nous passions de plus en plus de temps devant les écrans (quatre heures quarante-six minutes par jour en 2022), ce n'est pas tant notre utilisation qui est responsable de l'empreinte carbone de ces

31. « Nike Impact Report 2019 », Purpose Moves Us, 2019.
32. « Évaluation de l'impact environnemental du numérique en France et analyse prospective », note de synthèse réalisée par l'Arcep et l'ADEME, janvier 2022.

équipements, que leur processus de fabrication **(fig. 25)**. Leur courte durée d'usage aggrave encore la situation : en moyenne, les Français remplacent leur portable tous les deux ans et demi et, neuf fois sur dix, avant qu'il soit hors d'usage.

Enfin, la fabrication de ces équipements et leur usage ont d'autres impacts sur l'environnement : épuisement des ressources naturelles et perte de biodiversité au moment de l'extraction des composants, utilisation d'énergies fossiles pour alimenter en électricité les *data centers*, prélèvements d'eau potable pour refroidir les mêmes centres...

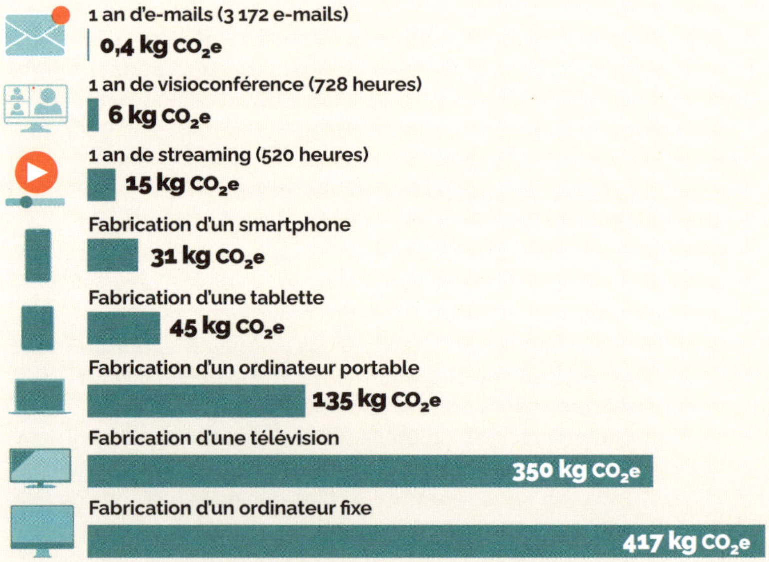

Fig. 25. L'impact carbone des appareils numériques.
(Source : Impact CO², ADEME)

Fig. 26. Le coût carbone de différents vêtements.
(Source : Les Cactus)

Nos achats de vêtements

Depuis le début du millénaire, nos achats de vêtements ont crû de 40 % alors même que nous les conservons deux fois moins longtemps dans nos placards[33]. Or, le secteur de la mode avec son modèle ultra linéaire (je produis – je consomme – je jette) est l'un des plus émissifs : à l'échelle mondiale, 4 milliards de tonnes de gaz à effet de serre sont émises chaque année pour nos vêtements et nos chaussures. Cela représente plus que l'ensemble des vols internationaux et du trafic maritime réunis. Cette tendance ne semble pas près de s'inverser puisque le volume global de vêtements fabriqués devrait être multiplié par trois d'ici 2050, ce qui porterait le secteur à 26 % des émissions de gaz à effet de serre. Rappelons par ailleurs que nous n'évoquons ici que les émis-

33. « The environmental price of fast fashion », *Nature Reviews Earth and Environment*, avril 2020.

sions de GES et pas l'usage de l'eau (notamment pour produire le coton), ni la pollution occasionnée par les teintures ou le rejet des microplastiques provenant du polyester.

À l'échelle individuelle, nos vêtements et autres accessoires représentent entre 150 et 200 kilos de CO_2e par an. Mais les explications sont encore plus parlantes quand elles concernent un vêtement en particulier.

Prenons le cas d'un jean.

Au moment de sa production, le jean nécessite du coton. La culture du coton mobilise 5 % des surface agricoles mondiales et est très gourmande en eau, en pesticides et engrais. L'étape de la production va donc notamment générer du dioxyde d'azote.

Le tissu voyage ensuite de la zone de culture du coton jusqu'au pays d'assemblage, qui n'est pas toujours celui dans lequel il est teint. Le transport génère donc du CO_2 ainsi que la production, laquelle intervient souvent dans des pays utilisant encore des énergies fossiles pour leur fourniture d'électricité. Le jean voyagera éventuellement encore vers une autre destination pour être sablé (traitement visant à lui donner un aspect délavé).

Il arrivera finalement en Europe pour transiter dans des *hubs* logistiques avant de rejoindre, enfin, son point de vente.

Au total, il aura parcouru jusqu'à 65 000 kilomètres et coûté 23 kilos de CO_2e pour nous habiller.

Y a-t-il une spécificité parisienne dans l'empreinte carbone de notre consommation ?

Le profil des émissions carbones des Parisiens dans cette catégorie n'est pas disponible en tant que tel. Et si la localisation du consommateur final semble faire peu de différence dans ce domaine, l'Insee démontre en revanche que le niveau de vie a un impact direct sur le volume et le type des émissions. Ainsi, les ménages les plus aisés ont une part plus importante d'émissions de CO_2e dans la catégorie des loisirs, de l'équipement de la maison et de l'habillement.

Dans ce contexte, comment réduire l'empreinte carbone de notre consommation ?

Conscient de l'impact de notre consommation courante sur le changement climatique, le législateur a donné une première impulsion en adoptant en janvier 2020 une loi anti-gaspillage et pour une économie circulaire, dite loi AGEC.

Elle devrait transformer en profondeur l'industrie des biens de consommation sur cinq grandes thématiques :

- sortir du plastique jetable,
- mieux informer les consommateurs,
- œuvrer contre le gaspillage et pour le réemploi solidaire,
- agir contre l'obsolescence programmée,
- mieux produire.

Ces dispositions permettent de réduire l'impact carbone de nos biens de consommation, notamment en allongeant leur durée d'usage et en améliorant leur fin de vie, mais ne suffisent pas pour atteindre une cible soutenable. En ce sens, nous devons dès aujourd'hui repenser notre façon de consommer, de l'acquisition à la fin de vie de nos objets.

Acheter moins, louer, emprunter

La meilleure solution pour limiter l'empreinte carbone de nos achats est assurément d'en réduire le volume. Concernant les vêtements, un horizon soutenable compatible avec les objectifs de l'accord de Paris supposerait que nous nous contentions de cinq pièces nouvelles par an, alors que nous sommes à une moyenne de 40.

Un autre levier est de privilégier la location à l'achat, tout en étant conscient que le modèle de la location n'a d'impact CO_2 que s'il couvre un usage ponctuel. Louer une machine à laver sur une longue durée ou une voiture sur plusieurs années n'a pas d'incidence sur notre empreinte carbone. En revanche, si la location permet de renoncer à la production d'un bien neuf, elle est un véritable levier de décarbonation. C'est ainsi que beaucoup de Parisiens se passent de la possession d'une voiture individuelle en optant pour une location de courte durée en cas de besoin. De même, certaines chaînes de bricolage trouvent un public en proposant perceuses et autres shampouineuses à la location.

Prolonger la durée de vie de ses achats

Dans son étude de 2022 sur l'impact de nos objets, l'ADEME souligne un comportement symptomatique de la consommation moderne : le renouvellement permanent. Que ce soit pour notre garde-robe ou pour notre équipement téléphonique, les incitations à acheter du neuf sont nombreuses. Dans le cas du matériel multimédia, 20 % des Français pensent à remplacer leurs appareils dès la première panne. Or, prolonger la durée de vie d'un objet, c'est faire un geste pour la planète tout autant que pour son portefeuille. Si, par exemple, l'ensemble du parc des téléviseurs français gagnait un an d'usage, le gain environnemental serait de 1,7 million de tonnes de CO_2, l'équivalent des émissions annuelles d'une ville comme Lyon, avec un bénéfice économique d'environ 66 euros par année supplémentaire. De la même manière, utiliser son smartphone cinq ans au lieu de trois permet de réduire son empreinte carbone d'un tiers.

Concrètement, cela veut dire ne pas céder aux sirènes du remplacement et, en cas de panne, songer à réparer plutôt qu'à racheter. Aujourd'hui, seuls 44 % des objets qui tombent en panne sont réparés. Pourtant, des solutions existent : on peut réparer beaucoup d'objets soi-même grâce aux nombreux sites Internet dédiés, en allant se faire aider par un bricoleur plus averti dans un Repair Café ou en se tournant vers le distributeur initial qui a souvent une offre après-vente de réparation.

Et lorsque l'on souhaite vraiment se séparer d'un objet ou d'un vêtement, on peut faire en sorte de lui donner une seconde vie. C'est tout l'objet des nombreuses recycleries parisiennes.

Achèter différemment

Faire preuve de sobriété, c'est certainement acheter moins mais aussi acheter des objets de seconde main. Le marché du vintage a longtemps été porté par le secteur de l'économie sociale et solidaire mais il est désormais bien ancré dans nos pratiques de consommation, notamment grâce à l'essor de nombreuses plateformes en ligne dédiées à l'occasion ou aux produits reconditionnés. Si la recherche d'économies demeure l'une des principales motivations de l'achat d'occasion, de plus en plus de consommateurs de seconde main mettent en avant leur souci de l'écologie et la réduction du gaspillage.

Acheter de la seconde main, c'est en effet prolonger la durée d'usage d'un bien et éviter la production d'un bien supplémentaire. C'est un levier essentiel de décarbonation si on se souvient que dans cette catégorie des équipements, l'empreinte carbone est surtout liée à l'amont du cycle de vie du produit. Attention toutefois à ne pas tomber dans une surconsommation de seconde main, face à l'abondance de « bonnes affaires » ! Tout ce qui fait durer un bien réduit les émissions de CO_2 en conséquence.

SOS Accessoire

Commande de pièces en ligne sur sos-accessoire.com

Réparer l'électroménager • Olivier de Montlivaut a débuté sa carrière à la centrale d'achat de Darty. C'est à ce poste d'observation privilégié qu'il a acquis la conviction que la demande d'accessoires et de pièces détachées n'était pas bien gérée par les grands distributeurs. Il a ainsi créé en 2008 SOS Accessoire pour répondre à des besoins spécifiques, du filtre d'aspirateur à la télécommande en passant par la pompe de vidange du lave-linge. Des pièces en faible volume et à faible marge que les distributeurs n'ont aucun intérêt à stocker. Elles s'avèrent pourtant essentielles pour prolonger la durée de vie de nos appareils : plus des deux tiers de l'électroménager en panne part directement à la poubelle. Très facile d'usage, le site propose une entrée par la porte « diagnostic » pour déterminer la cause la plus commune de la panne observée, et être ensuite renvoyé vers la pièce de rechange idoine. Il est également possible d'accéder directement au catalogue des pièces détachées par catégorie de produits, puis par marque et modèle. L'équipe propose également de nombreux tutos pour réparer soi-même et, si vraiment l'opération est trop complexe, une assistance par visio est disponible ainsi qu'un service de réparation en atelier ou à domicile.

Repair Café

Lieux et calendrier des ateliers de réparation à Paris et en région parisienne sur repaircafeparis.fr

Le MacGyver du toaster • Un foyer français possède en moyenne près d'une centaine d'appareils électriques ou électroménagers dont l'empreinte carbone peut aller jusqu'à 510 kilos de CO_2e pour un réfrigérateur (de sa production à sa fin de vie). De quoi nous motiver à ne pas jeter nos appareils défectueux et à tout faire pour les réparer. C'est bien la fonction du Repair Café, né à Amsterdam il y a plus de quinze ans à l'initiative de Martine Postma. Cette initiative locale a pris l'ampleur d'un réseau associatif mondial qui s'étend du Japon aux États-Unis. Dans ces ateliers, des bénévoles, souvent retraités, viennent mettre à disposition leur savoir-faire ou leur passion de la réparation. Les Repair Cafés tournants s'installent dans différents lieux accueillant du public, à la journée ou à la demi-journée. À Paris, on en trouve par exemple régulièrement à la Récolte citadine (18e), à la ressourcerie Le Poulpe (18e) ou à la Maison du Zéro Déchet (12e). Pour y participer, il suffit de réserver un créneau sur le site de l'association, en précisant l'appareil concerné et la panne qui l'affecte. Les ateliers sont des moments conviviaux où passionnés et néophytes prennent plaisir à résoudre ensemble le défi qui les réunit. On paie ce qu'on peut ou ce qu'on veut après la réparation.

La Textilerie

22, rue du Château-Landon, 10e
Tél. 01 40 35 77 14
latextilerie.fr

Réparer ses vêtements • Derrière une jolie façade vert pâle se cache le doux repaire créé par Alice et Elsa au service d'un textile responsable. En premier lieu, il s'agit d'une recyclerie dédiée au textile où l'on collecte, trie et revalorise des pièces d'habillement, ainsi que du textile et des accessoires de confection (fils, rubans, matériels de couture...) donnés par des particuliers. Mais ce lieu lumineux abrite bien plus. Des cours de couture sont organisés dans l'atelier, à l'arrière de la boutique, et sont l'occasion d'apprendre à sauver les vêtements au lieu de les remplacer. Une boutique propose une partie des vêtements triés auxquels sont adjointes des pièces de marques écoresponsables. Enfin, un coin tissus en vrac et accessoires de couture permet aux amateurs d'assouvir leur soif de créativité et de donner une suite aux cours donnés à l'atelier. Le lieu s'agrémente d'un comptoir où des boissons sont disponibles ; peut-être vous y accouderez-vous pour discuter mode responsable avec les membres de l'équipe, toujours accueillants.

Une robe un soir

45, rue de Courcelles, 8e
Showroom uniquement sur rendez-vous et locations sur le site
1robepour1soir.com

Cendrillon décarbonée • Notre garde-robe représente jusqu'à 13 % de notre empreinte carbone individuelle. Si la location n'a pas encore complètement percé pour les petits équipements électriques ni même démontré son intérêt écologique pour le gros électroménager, elle prend tout son sens pour les vêtements que nous portons de manière occasionnelle. Comme cette robe de soirée qui dormira éternellement dans notre dressing après sa sortie unique et légendaire pour un réveillon ou un mariage. L'offre d'Une robe un soir est simple : proposer la location comme alternative à l'achat d'une tenue d'exception. Et, accessoirement, de payer le prix d'une robe Zara pour une pièce de créateur. Le stock comprend plus de 800 pièces avec de très belles signatures – Saint-Laurent, Dior, Balmain... –, mais aussi des marques plus confidentielles, tout aussi élégantes. Pour louer sa tenue de bal, rien de plus simple : le site est organisé par catégorie d'événement ou par type de vêtement. La tenue choisie est livrée à la date retenue sur le site et sera renvoyée dans une enveloppe dédiée, sans même être passée au pressing. Pour les hésitantes, un showroom se prête aux essayages (sur rendez-vous et après une présélection de tenues sur le site).

Mercato

23, rue Beaubourg, 3e
46, boulevard de Strasbourg, 10e
17, avenue Simon-Bolivar, 19e
mercato.paris

Second hand is the new cool • Oubliez les boutiques ringardes d'achat-revente ! Les fondateurs de Mercato, spécialistes des réseaux de seconde main, ont voulu réenchanter le concept en créant une enseigne omnicanal (un site Internet et trois boutiques à Paris), qui constitue un véritable concept store de la seconde main. Pour les vendeurs, le premier contact peut se faire par message ou sur place au comptoir d'accueil. L'équipe y vérifie le potentiel de rachat du produit d'occasion et donne une première estimation, y compris à distance. Pour les acheteurs, Mercato, ce sont neuf univers de produits en excellent état et soigneusement sélectionnés, de la téléphonie aux pièces de luxe en passant par les instruments de musique et les jeux vidéo. Mercato, c'est aussi une ambiance de magasin cool où il fait bon flâner, prendre un café, et où les vendeurs connaissent bien leurs produits et sont de bon conseil. C'est également un site Internet pour ceux qui souhaiteraient en savoir plus ou acheter à distance.

Envie Le Labo

10, rue Julien-Lacroix, 20e
envie.org

L'électroménager en seconde main • Le réseau Envie est né en 1984 à Strasbourg de la rencontre entre des bénévoles d'Emmaüs cherchant à développer un projet d'insertion, et du constat que beaucoup d'équipements électroménagers terminaient à la benne faute de réparation. Aujourd'hui constitué de plus de 50 boutiques sur le territoire, Envie redonne vie à l'électroménager récupéré par les distributeurs lors d'une nouvelle vente, tout en fournissant un emploi à des personnes qui en étaient éloignées. En 2021, le réseau a ouvert un labo dans le 20e arrondissement comme un étendard du potentiel de la circularité. Tout d'abord au travers du bâtiment, construit avec des matériaux récupérés, économisant ainsi 20 tonnes de produits neufs. Au rez-de-chaussée, les produits à la vente sont exposés : machines à laver, réfrigérateurs, bouilloires, plaques et fours attendent sagement leurs repreneurs. Tous les produits ont été remis en état de marche dans l'atelier d'insertion de Trappes et sont vendus avec deux ans de garantie, 30 à 60 % moins cher que des neufs. Ils vous sont livrés à domicile et installés si besoin. Le Labo propose dans les étages des ateliers pratiques autour de la circularité et de la lutte contre le gaspillage : on y apprend à réparer son petit électroménager ou à créer sa propre lessive.

Neptune

32- 36, boulevard Paul-Vaillant-Couturier, 93100 Montreuil
association-neptune.com

De la vaisselle qui a une histoire • Que ce soit pour les personnes qui y travaillent ou les objets qui y transitent, Neptune est une étape vers une seconde vie. Association de réinsertion par l'activité économique et lieu d'accueil pour des travaux d'intérêt général, Neptune occupe plus d'une centaine de personnes à gérer une belle brocante solidaire à Montreuil, elle-même alimentée par une activité de récupération-débarras. À l'occasion d'un déménagement, l'association peut se charger de récupérer meubles et objets qui n'ont plus d'utilité. À la suite d'une courte pré-visite, Neptune estime les frais de l'opération et propose une date d'enlèvement. Les biens récupérés sont en général revalorisés au sein de l'association et remis en vente dans un de ses trois dépôts, ou confiés à des éco-organismes pour y être recyclés. Un entrepôt, entre grenier de grand-mère et caverne d'Ali Baba, est consacré spécifiquement à la vaisselle : vous y trouverez tout ce qu'il faut pour composer une table vintage, bohème et écoresponsable digne des meilleurs magazines de déco...

La Recyclerie sportive

81, boulevard Bessières, 17e • 72, allée du Forum, 92100 Boulogne-Billancourt
recyclerie-sportive.org

Poids léger pour le climat • Une paire d'haltères achetée dans l'élan des bonnes résolutions de début d'année, une raquette trop petite pour le cadet... Nous avons tous des équipements sportifs qui prennent la poussière alors qu'ils pourraient trouver une seconde vie chez d'autres. D'après l'ADEME, sur les 186 000 tonnes de matériels sportifs mis chaque année sur le marché en France, 104 000 tonnes terminent à la poubelle. C'est d'après ce constat qu'a été créée en 2018 la Recyclerie sportive. Les matériels récupérés, souvent en très bon état, sont triés et remis sur le marché dans les boutiques solidaires du 17e ou de Boulogne. Moyennant une petite cotisation annuelle, les clients ont accès à une sélection à prix doux, qui couvre des sports aussi variés que la boxe ou le ski en passant par le golf et la natation. Les prix sont très raisonnables et le matériel systématiquement remis en état avant la mise en rayon. À la Recyclerie sportive, écologie rime aussi avec apprentissage. Des ateliers de co-réparation sont organisés deux fois par semaine pour apprendre à démonter et remonter son vélo, son skate, sa trottinette ou ses rollers, avec mise à disposition d'outillage, de pièces de rechange et de conseils aussi avisés que bienveillants.

Zoom sur l'achat de mobilier de seconde main

Pour les Parisiens avides de chine, il y avait les week-ends aux puces de Saint-Ouen ou de la porte de Vanves. Puis sont apparues les plateformes offrant d'assouvir ses appétits de seconde main sans quitter son canapé : c'est ainsi que Selency, Leboncoin ou Design Market ont donné leurs lettres digitales au mobilier vintage. Aujourd'hui, incitées par la réglementation promouvant la circularité et cherchant à diminuer le volume de déchets, plusieurs grandes enseignes proposent à leur tour des meubles d'occasion, ou neufs mais abîmés. De la même manière, de nouvelles places de marché, telles Reborn, Youzd et d'autres, ont vu le jour sur Internet et proposent des fins de série vendues à prix cassés. Sachant que la fabrication d'un meuble neuf représente en moyenne 39 kilos de CO_2e, faire le choix de ce qui existe déjà a un impact significatif.

Puces de Saint-Ouen

110, rue des Rosiers, 18^{e}

Au-delà de l'attraction touristique, les puces de Saint-Ouen sont la plus grande concentration au monde d'antiquaires et brocanteurs sur un même site. Sept hectares et 12 marchés distincts avec chacun leur signature pour trouver le mobilier de vos rêves.

Puces de Vanves

16-18, avenue Georges-Lafenestre, 14^{e}

Chaque samedi et dimanche matins, plus de 350 vendeurs se regroupent porte de Vanves pour proposer, quelle que soit la météo, des antiquités, du mobilier d'occasion mais aussi des livres, des vêtements et des accessoires. Une atmosphère unique ; certains brocanteurs sont présents depuis des décennies sur le marché.

Emmaüs Défi

40, rue Riquet, 19^{e}

emmaus-defi.org

Avec plus de 1 000 mètres carrés de surface, le magasin de la rue Riquet est le plus grand point de vente Emmaüs de la capitale. Cela en fait la ressourcerie la mieux achalandée du réseau en meubles d'occasion.

Ikea « Seconde vie »

Plusieurs adresses parisiennes à retrouver sur ikea.com

Le magasin parisien propose une sélection de produits dits « Seconde vie », qu'il s'agisse de fins de séries, de meubles d'occasion ou de modèles légèrement endommagés. Tous sont bien sûr à prix réduits.

Maisons du monde « Seconde chance »

Adresses à trouver sur maisonsdumonde.com

L'enseigne d'ameublement, connue pour ses meubles à prix réduits, a mis en place une sélection « Seconde chance » dans ses points de ventes. Elle est signalée par une étiquette verte et permet de sauver de la destruction des meubles d'exposition ou présentant un léger défaut.

Et sur Internet

Reborn

reborn.fr

Reborn propose de l'ameublement neuf issu de fins de série, des produits d'exposition ou au packaging abîmé.

Youzd

youzd.fr

Cette place de marché regroupe du mobilier de seconde main avec de jolies références design, mais aussi des fins de série ou des modèles d'exposition.

Selency

selency.fr

Crée en 2014 par deux passionnés d'antiquités et de déco, cette plateforme est une référence pour les chineurs, les amateurs de vintage et de déco. On peut y négocier comme aux puces.

Design Market

design-market.eu/fr

Ce site propose à la vente une très belle sélection de pièces vintage, signées ou anonymes, mais globalement premium et sélectionnées pour leur design et leur bel état.

Le Bon Coin

leboncoin.fr

Le site de références pour les petites annonces sur lequel on trouve toujours de belles affaires, qu'il s'agisse de mobilier ou d'objets de déco. Compte tenu de l'offre pléthorique, il est préférable de savoir ce que l'on cherche !

Seconde vue

15, rue Commines, 3e
seconde-vue.com

Nouveau regard • 100 millions de lunettes dormiraient dans les tiroirs des Français, gigantesque gisement de circularité encore très peu exploité. Issue d'une famille d'opticiens indépendants, Alice Violier est tombée dans la lunette dès l'enfance. Au hasard d'une visite dans les stocks de la maison familiale, elle a mis la main sur un lot de modèles griffés datant des années 1970-1990. Ces pépites lui ont donné envie de se lancer dans l'aventure de la lunette de seconde main. Chez Seconde vue, on vient tout d'abord pour les modèles stylés, solaires ou de vue, que l'équipe récupère chez des opticiens indépendants, auprès des marques ou de particuliers. Ils sont triés sur le volet puis remis en état, réajustés et polis dans les ateliers familiaux pour pouvoir être proposés à la vente sur le site Internet et dans la petite boutique du Marais. Givenchy, Mugler, Gucci, Courrèges, Mikli... se disputent la place sur les étagères. Difficile de ne pas trouver lunettes à son nez tant les modèles sont variés, du papillon à l'aviator en passant par les fameuses *siren glasses*. Enfin, l'ensemble des accessoires et des éléments de packaging sont conçus pour avoir le moindre impact environnemental.

The Naked Shop

75, rue Oberkampf, 11e
thenakedshop.fr

Acheter ses produits d'entretien en vrac • Chez Naked Shop, on a l'obsession de l'emballage, ou plutôt de sa disparition ! Pour les passants de la rue Oberkampf, le magasin peut intriguer, avec son alignement de robinets noir le long du mur. Quel trafic se déroule donc ici ? Fondée en 2018 par Maria Mella et pensée comme une sorte de bar à bière avec plus d'une cinquantaine de références, la boutique couvre un large éventail, qui va des produits d'entretien pour la maison aux produits de beauté. Les liquides soigneusement choisis pour leur composition par Maria arrivent dans des bidons de 20 à 25 litres consignés, et souvent à vélo puisque beaucoup de ses fournisseurs sont parisiens. Moins de vrac côté cosmétique, mais une gamme de produits solides comme le dentifrice en palet, les savons Unbottled ou encore les crèmes et gommages Cozie, avec leurs emballages réutilisables. Dans l'entrée du magasin, on trouve aussi une offre de contenants et autres accessoires pour limiter ses déchets. Enfin, pour ceux qui n'auraient pas le courage de se déplacer, la boutique propose ses produits en ligne. La livraison dans Paris se fait à vélo et comprend la récupération des contenants en consigne. Le ménage est en passe de devenir un plaisir coupable !

Rejoué

140, rue du Château, 14e
rejoue.asso.fr

Toy Story • Huit mois, c'est la durée moyenne d'utilisation d'un jouet. Les enfants grandissent, les modes passent et les placards se remplissent. Ou nos poubelles ? L'ADEME estime que plus de 100 000 tonnes de jouets deviennent des déchets chaque année et que près du triple sommeille dans nos maisons. Claire, bénévole à la Croix-Rouge au moment de la naissance de son fils, a pris soudainement conscience de cet impact environnemental. C'est ainsi qu'est né le premier atelier Rejoué en mars 2012. Un projet, comme souvent dans l'économie circulaire, à la croisée du recyclage et de l'insertion. Dans son atelier de Vitry-sur-Seine, l'association redonne vie aux jouets (41 tonnes en 2022) collectés auprès d'entreprises ou de particuliers. Ils y sont triés, inspectés (au regard de la norme CE), réparés, nettoyés et remballés. La boutique de la rue du Château dispose d'un grand rayon premier âge et peluches, ainsi que d'une jolie sélection de livres et bandes dessinées ; comme dans un magasin classique, les Barbie dans leurs plus beaux atours côtoient des Playmobil et des coffrets Lego. L'état des jouets est impeccable et les prix tellement doux qu'il est difficile de repartir les mains vides.

Kilo Shop

69-71, rue de la Verrerie, 4e
(et autres adresses)
kilo-shop.com

Emballé, c'est pesé • La boutique du Marais existe depuis 1974 et reste, ou redevient, le temple du vêtement vintage grâce à l'engouement grandissant pour la seconde main. Avec 500 mètres carrés sur deux niveaux, ce supermarché du vêtement vintage, organisée par catégorie, par couleur et parfois par époque, fait la joie des amateurs du genre ou des petits prix. Du bob rayé au perfecto en passant par le pantalon en velours ou la robe de soirée, tout s'y trouve ! Il y flotte nécessairement une douce odeur de fripe, mais l'énergie de l'équipe, toujours de bon conseil, lève vite la moindre réticence. Le prix des vêtements se calcule au kilo, comme l'indique l'enseigne. Des balances sont disséminées dans le magasin pour vous aider à estimer votre butin avant de passer à la caisse.

Autres adresses de vêtements de seconde main

Il existe 1 000 occasions de ne pas céder aux sirènes du vêtement neuf et de leur préférer les délices de la seconde main. Reste à connaître son style et à trouver la sélection correspondante. Voilà quelques adresses pour changer des flots anonymes déballés sur Vinted ou Vestiaire Collective.

Retro Chic

50, rue Condorcet, 9e
retrochicparis.net
La devanture de la boutique fascine autant que la sélection de vêtements et d'accessoires. Parce qu'il fait cela depuis toujours, Yann a acquis une précision et une exigence qu'il met au service du bonheur des amatrices de produits griffés.

Le Coffre

62, rue Marguerite-de-Rochechouart, 9e et deux autres adresses dans les 17e et 20e arrondissements
lecoffrevintage.fr
On trouve de tout dans cette friperie maintenant bien installée dans le

paysage du vintage parisien. Large assortiment issu du déstockage comme de la seconde main : 200 à 300 nouvelles pièces chaque semaine.

Love&dress

51, rue Condorcet, 9e
loveanddress.fr
Jolie adresse ouverte par deux amies dont la sélection ressemble à ce qu'elles aiment en tant que clientes. Les pièces de seconde main voisinent ici avec quelques trouvailles neuves. Une adresse douce et construite avec goût.

Rétro

20, rue de Turbigo, 2e
retroparis2.com
Une friperie cool et relax où habiller les hommes, les femmes et même les enfants. Sur deux étages assez aérés se déploie une immense sélection aux prix abordables, qui permet de trouver une tenue complète pour environ 50 euros. Rétro, c'est aussi une ambiance qui se révèle à l'occasion d'événements tels des DJ sets et autres sessions de tatouage.

Chercheminippes

120, rue du Cherche-Midi, 6e
chercheminippes.fr
Créée il y a plus de cinquante ans, cette enseigne fait souvent figure de Mecque du dépôt-vente, au point de vampiriser une partie de la rue avec six adresses. Les vêtements sont tous de marque, en bel état, et ont moins de deux ans.

Cinq Août

108, rue Legendre, 17e
les-batignolles.com/commerce/mode-accessoires/cinq-aout
Anne-Lise a développé une telle passion pour la seconde main en écumant dépôts-ventes, vide-greniers et boutiques Emmaüs, qu'elle en a fait son métier. Elle propose une belle sélection parmi les grandes marques du prêt-à-porter féminin.

Takk

11, rue Oberkampf, 11e
takkparis.com
Cette jeune adresse dans le domaine de la seconde main propose une sélection de vêtements pour femme, de Zara à Claudie Pierlot, d'accessoires et de produits de beauté. Arrivages chaque semaine.

Paris Friendly

paris-friendly.fr
Pour les plus motivés ou les plus joueurs, des Free Troc Partys sont organisées plusieurs fois par an, souvent à l'Académie du Climat, par le site paris-friendly.fr. On y trouve des vêtements, quelques petits objets et livres, et souvent une offre de restauration veggie. S'inscrire sur le site de Paris Friendly. Places limitées.

THANX GOD I'M A V.I.P.

12, rue de Lancry, 10e
thanxgod.com

La fripe, c'est chic • Derrière une élégante façade gris souris et une raison sociale qui rappellera à certains de belles soirées des années 1990, se cache une adresse très *select* de vêtements de seconde main. Après avoir ouvert un premier lieu mixte plus haut dans la même rue, Sylvie Chateigner, ancienne reine des nuits parisiennes, a dédié cet espace aux hommes en y regroupant les pièces d'une collection vintage assemblée depuis plus de vingt ans. Les *fashion victims* écoresponsables y trouveront des marques comme Dior, Hermès, Comme des Garçons, Dries Van Noten, mais aussi du *streetwear* Lacoste et Moncler, ou encore du *workwear*. Un joli rayon d'accessoires complète ce lieu aussi accueillant qu'élégant, offrant la petite touche finale qui fait la différence. Les prix ne sont pas ceux d'une friperie, mais le plaisir des yeux l'emporte vite sur les réticences du porte-monnaie.

Bambini Troc

26, avenue du Bel-Air, 12e
Tél. 01 43 47 33 76
bambinitroc.fr

De mère en mère • L'empreinte carbone conséquente de l'industrie de la mode est liée à la production des matières premières, mais aussi à la fin de vie des vêtements. Par ailleurs, le volume de vêtements achetés ne cesse de croître dans toutes les régions du monde. On comprend donc qu'il existe un champ d'action concret pour réduire son empreinte carbone. D'autant plus lorsqu'il s'agit de vêtements dont l'usage est aussi éphémère que celui des vêtements d'enfant. Bambini Troc est né de ce constat. Établi depuis plus de trente ans près de la place de la Nation, il est connu de plusieurs générations. Certaines grand-mères qui s'y rendent aujourd'hui l'ont fréquenté comme jeunes mamans à son ouverture. Très beau rayon bébé avec des marques comme Jacadi, Bonpoint, Gap ou Petit Bateau à des prix très doux. Plus loin, un rayon de vêtements et d'accessoires pour femmes enceintes, ce qui n'est pas si fréquent. Tout au fond, des vêtements pour enfant jusqu'à 12 ans, ainsi que des chaussures, des jouets et des accessoires de puériculture.

Quelques autres adresses malignes pour les tout-petits :

- Mini Nippes (4, rue Louise-Émilie-de la-Tour-d'Auvergne, 9e),
- Deux Fois 9 (50, rue Ramey, 18e),
- Baby Troc (4, rue du Commandant-Pilot, Neuilly-sur-Seine)

Pour aller plus loin

Le chiffre de deux tonnes a été vulgarisé pour permettre à chacun de comprendre la cible à ne pas dépasser en 2050 si l'on veut atteindre la neutralité carbone et contenir le réchauffement climatique. Une partie de cet objectif pourra être atteinte par la mise en œuvre d'actions individuelles, qu'elles relèvent de changements de comportement (adopter un nouveau régime alimentaire, ne plus prendre l'avion, réparer plutôt que remplacer…) ou de décisions d'investissement (travaux de rénovation, changement de véhicule…). Néanmoins, une part non négligeable de notre empreinte carbone est du ressort de l'environnement économique, social et technique dans lequel nous vivons. Par exemple, la part des services publics dans notre empreinte individuelle est de 1,4 tonne de CO_2e par personne et ne relève pas, à proprement parler, de notre action individuelle. Ce volet nécessite de remettre en cause des choix de société arrêtés depuis des dizaines d'années, comme l'étalement des villes, le modèle agricole intensif, la mondialisation de nos chaînes logistiques…, et que des investissements massifs soient déployés pour permettre aux différentes industries et services publics de définir de véritables stratégies qui nous donnent accès à des produits et services décarbonés.

Ce constat ne nous exonère pas de « faire notre part » en réduisant notre empreinte carbone individuelle significativement, au moyen des leviers évoqués dans les pages qui précèdent. L'accomplissement de ces efforts individuels nous incitera d'ailleurs, plus qu'il ne nous en dissuadera, à agir sur d'autres plans pour atteindre collectivement l'objectif de neutralité.

S'engager

S'il est parfois ardu d'éliminer des tonnes supplémentaires d'émissions de CO_2e une fois mis en œuvre quelques changements structurants dans sa vie personnelle, il est en revanche tout à fait possible d'embarquer ses proches dans l'aventure et d'éviter ensemble des émissions significatives dès à présent. Voici quelques associations, toujours demandeuses de bras ou de cerveaux supplémentaires.

Les Volontaires de Paris

agir.paris.fr

La mairie anime une communauté de volontaires désireux de contribuer concrètement, dans leur quartier, à la transition écologique. Une fois inscrits sur la liste des Volontaires de Paris, les candidats reçoivent régulièrement des appels à contribution, des défis ou des propositions de formation. Une façon simple de rentrer dans le sujet par de petites actions.

The Shift Project

theshiftproject.org

Le Shift Project est un think tank, fondé notamment par Jean-Marc Jancovici, dont la mission est de promouvoir une économie libérée de la contrainte carbone, de produire des contenus et d'alimenter le débat. Tous les talents sont les bienvenus dans la communauté des « Shifters » et des appels à projet sont proposés très régulièrement pour créer du contenu et des événements de sensibilisation.

Réseau Action Climat
reseauactionclimat.org

Ce réseau fédère des associations engagées dans la lutte contre le dérèglement climatique et une transition écologique, solidaire et équitable. Il réunit plus d'une trentaine d'associations locales et nationales telles qu'Agir pour l'environnement, la Fédération françaises des usagers de la bicyclette, France Nature Environnement, Zero Waste France et bien d'autres.

Transformer son activité professionnelle

Une majeure partie de notre temps de vie est consacré à notre activité professionnelle. Pourquoi ne pas en tirer profit et mettre notre énergie au service de la transition ? Cela peut se traduire par la mobilisation des représentants du personnel ou de son employeur sur la politique de durabilité de l'entreprise, l'organisation de fresques du climat ou d'un atelier 2tonnes dans son entreprise, voire un changement de métier pour se dédier à temps plein aux enjeux environnementaux.

Quelques pistes pour avoir les idées plus claires sur ces opportunités :

Atelier 1er acte par Ticket For Change
ticketforchange.org/1er-acte

L'association Ticket for Change, fondée il y a plus de dix ans, porte la conviction que la mobilisation des talents de chacun peut changer le monde. Elle met donc en œuvre différentes propositions pour dénicher et activer les talents au service d'un monde durable. L'atelier 1er acte permet en trois heures de faire le point sur la meilleure manière de mettre ses capacités au service du changement.

Introduction à la durabilité d'entreprise par Ecolearn

ecolearn.com

Comprendre les enjeux du développement durable auxquels les entreprises sont confrontées : telle est la ligne de fond de ce parcours de formation en ligne d'une vingtaine d'heures. L'offre repose sur des formats variés et des cas d'entreprises illustratifs. De quoi semer des graines lors du retour au bureau.

Indigo par Maria Schools

indigo.mariaschools.com

De plus en plus d'entreprises se dotent d'équipes en charge de leur stratégie de durabilité pour faire face aux enjeux de la transition et accompagner le changement. Pourquoi ne pas profiter de cet appel d'air pour changer de métier ? Suivre le *bootcamp* de dix semaines de Maria Schools pour se former au métier de responsable RSE, c'est vivre une expérience intense et complète qui permet d'appréhender les fondamentaux d'une stratégie RSE jusqu'à la méthode pour formaliser la feuille de route de son entreprise et embarquer les différents métiers.

YourFuture4Good par Birdeo

birdeo.com

Ce cabinet de recrutement spécialisé dans le domaine de la RSE a lancé une offre d'accompagnement pour opérer un virage professionnel en ce sens. Deux prestations sont proposées, selon la maturité de son projet professionnel : un entretien d'évolution de carrière d'une heure offre un regard expert sur son projet et ses compétences transférables, tandis qu'un accompagnement opérationnel plus long à la transition inclut notamment rédaction d'un CV, l'élaboration d'une page LinkedIn et une mise en réseau indispensable dans cette étape de réorientation professionnelle.

D'autres initiatives pour approfondir certains sujets

Participer à une fresque de l'eau

eaudyssee.org

Sur le modèle maintenant éprouvé de la Fresque du climat, cet atelier d'environ trois heures, en ligne ou en présentiel, permet de s'approprier une vision complète du cycle de l'eau. On ressort avec les idées claires sur les mécanismes régissant cette ressource essentielle et souvent considérée comme acquise.

Visiter le musée des Égouts de Paris

Esplanade Habib-Bourguiba, pont de l'Alma, 7e

musee-egouts.paris.fr

Enfoui à plusieurs mètres sous terre, ce musée pour le moins atypique offre au visiteur l'occasion d'en apprendre plus sur l'histoire du réseau des égouts parisiens, mais aussi de comprendre son fonctionnement et les enjeux écologiques du traitement des eaux usées. Rouvert en 2021 après une complète remise à neuf, ce musée retrace l'histoire des 2 600 kilomètres du réseau. Y sont également évoqués le plan ParisPluie et le sujet de la biodiversité.

Transformer son balcon en un refuge de biodiversité avec la Ligue pour la protection des oiseaux

lpo.fr

En 2021, un rapport publié conjointement par le Muséum national d'histoire naturelle, la Ligue pour la protection des oiseaux (LPO) et l'Office français de la biodiversité sonnait l'alarme : 30 % des oiseaux de nos villes et de nos campagnes ont disparu. Parmi les premières causes en milieu urbain, la transformation des bâtiments faisant disparaître les cavités où nichaient certaines espèces, la disparition des friches urbaines, sources d'alimentation, ainsi que la pollution liée aux transports et aux activités industrielles. Pour remédier à cette situation, la LPO invite ceux qui disposent d'un balcon à œuvrer pour en faire une terre d'accueil de la biodiversité. À cette fin, elle fournit un abri pour passereaux à installer à domicile, un livret explicatif et des graines de plantes indigènes à semer.

Participer à une conférence sur la biodiversité à la Maison Paris Nature

Pavillons 1, 2 et 6 du Parc floral de Paris, route de la Pyramide, 12e
paris.fr/lieux/maison-paris-nature-17576

Reconnaître les plantes présentes à Paris, en savoir plus sur le moustique tigre, observer les oiseaux du lac des Minimes... Voici quelques exemples d'activités proposées par la Maison Paris Nature. Le lieu vise à promouvoir la biodiversité dans la capitale.

Index

F

G

H

I

J

K

L

M

N

Crédits photographiques

© MaryLou Mauricio (Fresque du climat) ; © ChangeNOW (Fresque du numérique, Sommet ChangeNOW) ; © Ville de Paris (Académie du Climat, Parcours fraîcheur, Musée des Égouts) ; © Maël Gonnet (MyCO2) ; © Atelier 2tonnes ; © Fondation GoodPlanet ; © Mathieu Delmestre (Maison des Canaux) ; © Nature Urbaine ; © Laurent Guignon (Écolotour) ; © Shutterstock (Le b.a.-ba du climat et de la biodiversité, Les Cactus, Les podcasts environnementaux, Donner ses meubles, Vélos à gogo – page de droite, Apprendre à cuisiner végétal, Rejoindre un jardin partagé – page de droite, Champignonnière des Carrières, Cueillette de Compans, Des applis pour se nourrir intelligemment – page de droite, Composter au marché – page de gauche, Acheter en vrac, Une robe un soir, Autres adresses de vêtements de seconde main, Autres initiatives pour aller plus loin, double page finale) ; © Chaleur humaine ; © Denis Allard/Télérama (Greenwashing Comedy Club) ; © We Love Green ; © Kloto Box ; © Carton Plein ; © Daniel Mccullough/Unsplash (Agence parisienne du Climat) ; © Eden Lodge ; © Hôtel Rosalie ; © Solar Hôtel ; © Hi Paris – Yves Robert ; © Babel Belleville ; © Cyrille Weiner (Mob Hotel Paris les Puces) ; © Overade Company/Unsplash (Obtenir une aide pour basculer dans la mobilité durable) ; © Yoann Stoeckel (Véligo) ; © Gaya ; © Julien Sommier (Steel Cyclewear and Coffeeshop) ; © Atelier Solicycle ; © Nomadeshop ; © Laura Matesco (Vélo Vintage) ; © Taryn Manning/Unsplash (l'aventure au bout de la rue) ; © Le club Chilowe ; © Johannes Hofmann/Unsplash (En train jusqu'au bout du monde) ; © Josh Nezon/Unsplash (En train jusqu'au bout du monde) ; © Marc Wieland/Unsplash (Sailcoop) ; © Magellan & Cie (La Librairie du Voyageur) ; © Thomas Werneken/Unsplash (GreenGo) ; © Casey Horne/Unsplash (GreenGo) ; © Le Cordon Bleu (Atelier Cordon Vert) ; © Sébastien Dray (Mûre) ; © Bonnard Marais ; © Léo Kharfan (Faubourg Daimant) ; © Les Tontons Veg ; © Samantha Ohlsen/Alamy (Hoba) ; © Studio Mijote (Sezono) ; © Maslow (Des assiettes veggie) ; © Jessica Kroon/Wecando (Au four et au moulin) ; © Clément Dorval (La maison du Jardinage) ; © Les Jardins du Ruisseau ; © Thomas Louapre (La Ruche qui dit oui !) ; © Photo PQR Le Télégramme/MaxxPPP (AMAP) ; © Alexandre Alloul (Bene Bono) ; © Demain ; © Nous anti-gaspi ; © Loic Journet/Ville de Paris (Composter au marché – page de droite) ; © SOS Accessoire ; © Repair Together (Repair Café) ; © La Textilerie ; © Mercato ; © Envie de Labo ; © Jennifer Auger (Neptune) ; © Clément Dorval/Ville de Paris (La Recyclerie sportive) ; © Rumman Amin/Unsplash (Zoom sur l'achat de mobilier en seconde main) ; © Seconde Vue ; © Alex Orjecovschi (The Naked Shop) ; © Christophe Hargoues (Rejoué) ; © Audrey Wnent (Kiloshop) ; © Thanks God I'am a V.I.P. ; © Gabriel Rana/Unsplash (Bambinitroc) ; © Saad Chaudhry/Unsplash (LPO).

Toutes les infographies sont © Anna Besse

Direction éditoriale : François Besse
Édition : Mathilde Kressmann
Relecture : Cécile Rémy et Léah Mamou-Braitberg
Direction artistique et maquette : Isabelle Chemin

ISBN : 978-2-37395-246-9
Dépôt légal : septembre 2024
Achevé d'imprimer en France en août 2024 par Sepec - 12535240505

Certifié PEFC
Ce produit est issu de forêts gérées durablement et de sources contrôlées
PEFC
10-31-1470
www.pefc-france.org